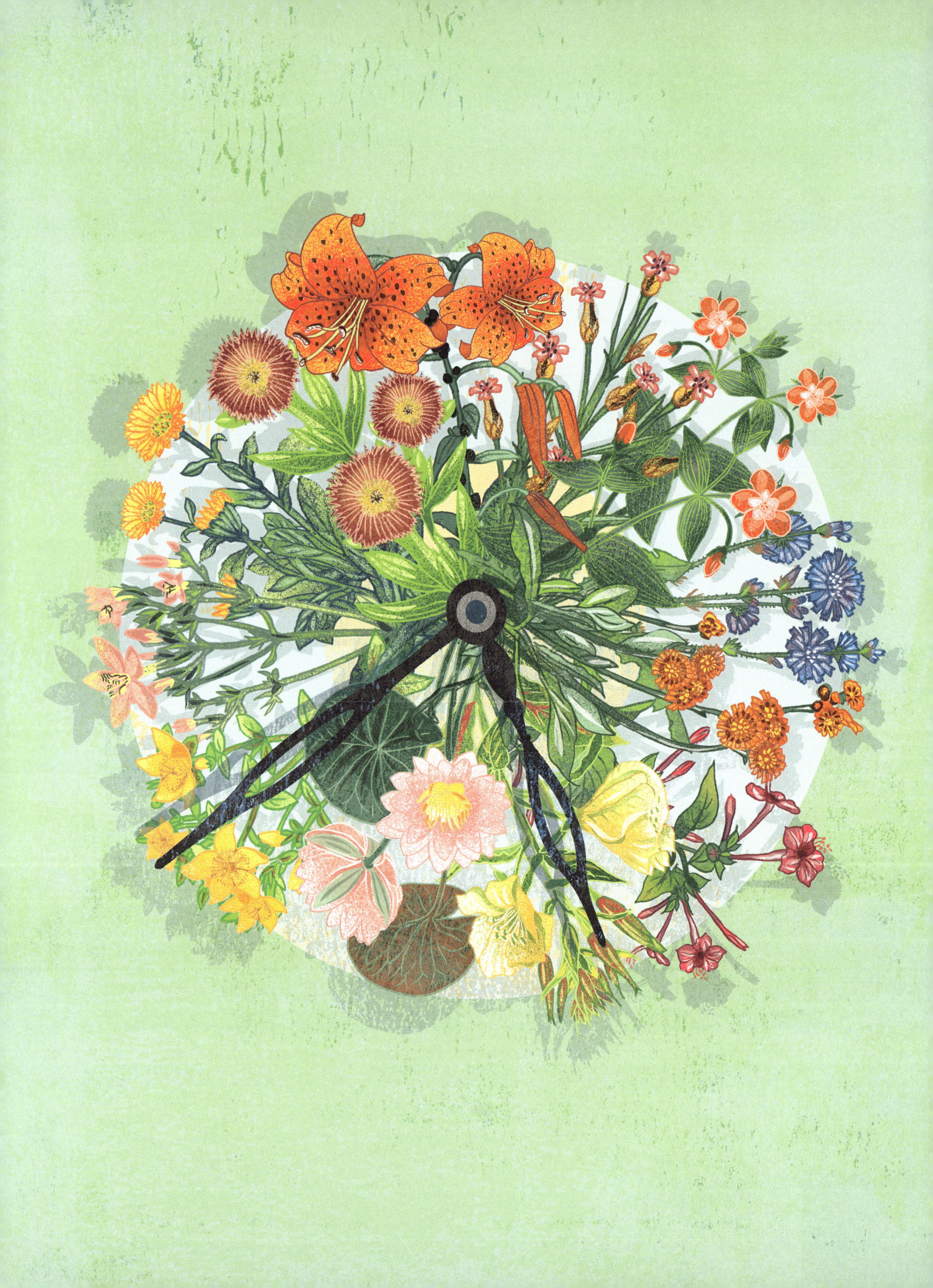

Kathrin Köller
Irmela Schautz

DAS BUCH DER ZEIT

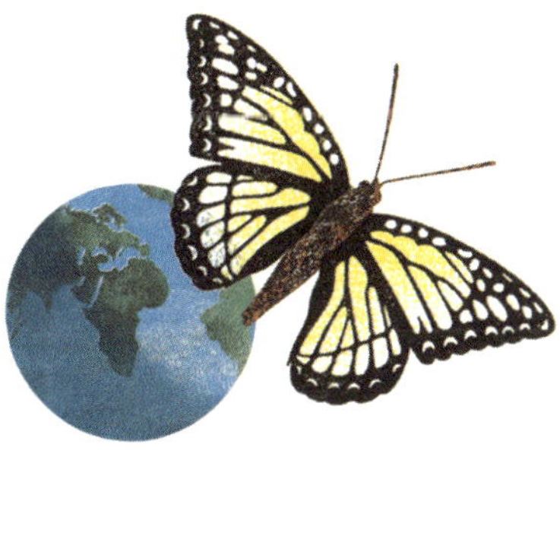

Prestel
München · London · New York

Inhalt

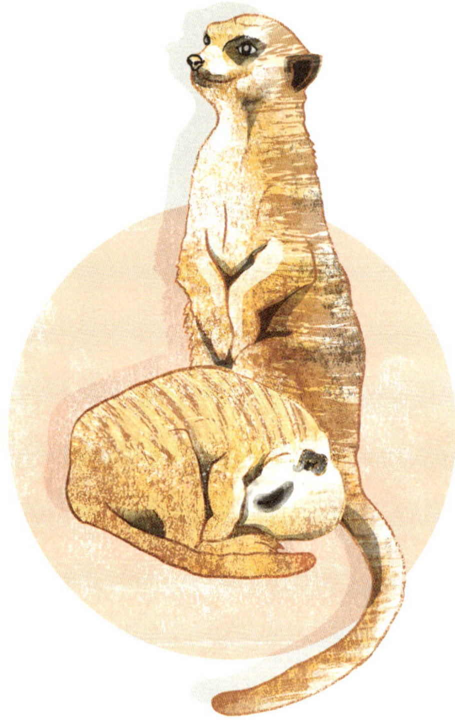

Einmal durch den Tag S. 46

Reisen durch die Zeit S. 74

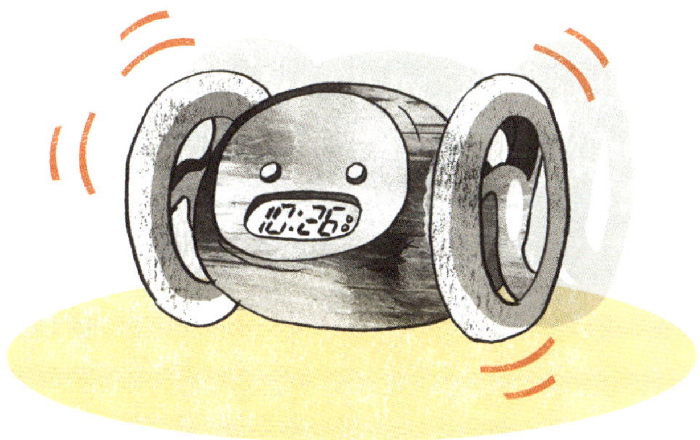

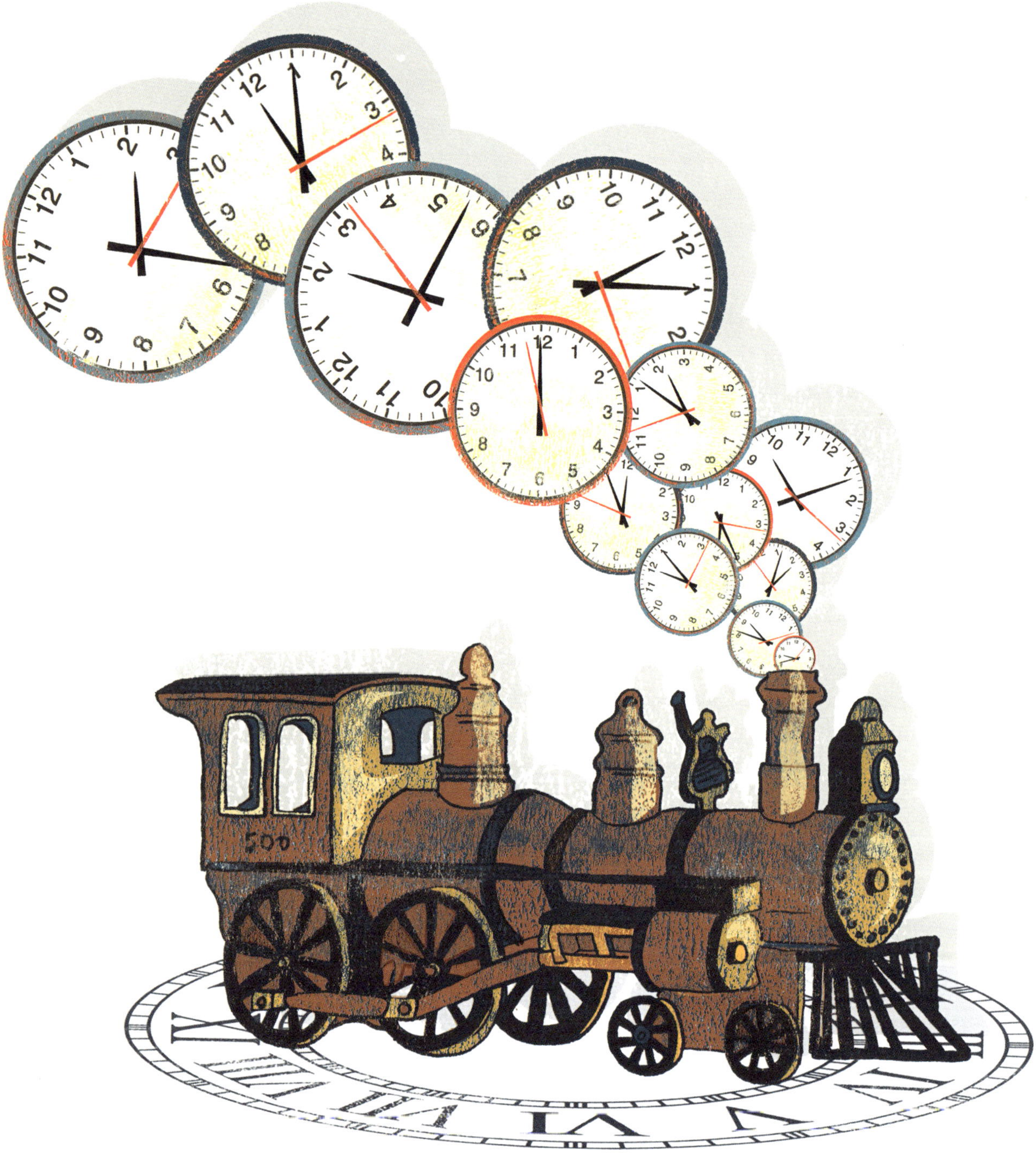

Zeit – was ist das eigentlich?

Die Zeit ist so etwas wie eine unsichtbare Freundin. Sie ist zwar immer da, gesehen hat sie aber noch niemand. Angefasst auch nicht. Man kann Zeit nicht schmecken, riechen oder hören.
Aber was ist Zeit dann überhaupt? Kann man sie fühlen? Vergeht sie immer gleich schnell? Hat sie einen Anfang und ein Ende? Oder ist sie vielleicht eine Illusion? Wenn man anfängt, über die Zeit nachzudenken, stellen sich plötzlich eine Menge Fragen. Und wenn man denkt, man hat eine Antwort gefunden, verwandelt die sich ganz schnell in die nächste Frage. Aber bevor du das Buch entmutigt wieder zuklappst: Das geht allen so – schon immer. Menschen haben sich, seit sie denken können, die Köpfe über die Zeit zerbrochen.

Denn ohne die Zeit geht nichts. Ein einfaches Beispiel: Wie könnte ein Fußballspiel funktionieren, wenn es keine Zeit gäbe? Wenn man nicht wüsste, dass spätestens nach zwei Halbzeiten, Nachspielzeit und Elfmeterschießen alles vorbei ist? Das gilt auch für andere Spiele, Lieder, Mathearbeiten etc. Durch die Zeit bekommt alles einen Anfang und ein Ende und wird so überhaupt erst möglich. Wir können ohne Zeit gar nicht denken. Gleichzeitig wissen wir nicht genau, was Zeit eigentlich ist. Das ist ein Paradoxon – ein scheinbar unlösbarer Widerspruch.
In diesem Buch tauchen einige solcher Rätsel auf. Vielleicht kannst du sie knacken? Du kriegst jedenfalls Ausrüstung an die Hand. Die Gedanken über die Zeit, die sich Menschen über die letzten Tausende von Jahren gemacht haben. Götter und Geschichten. Drachen-, Pfauen- und Elefantenuhren sowie ein paar andere Erfindungen, um die Zeit in Stücke zu teilen. Und natürlich die weltbeste Zeitreisemaschine.
Wenn du Lust hast, kann es jetzt losgehen!

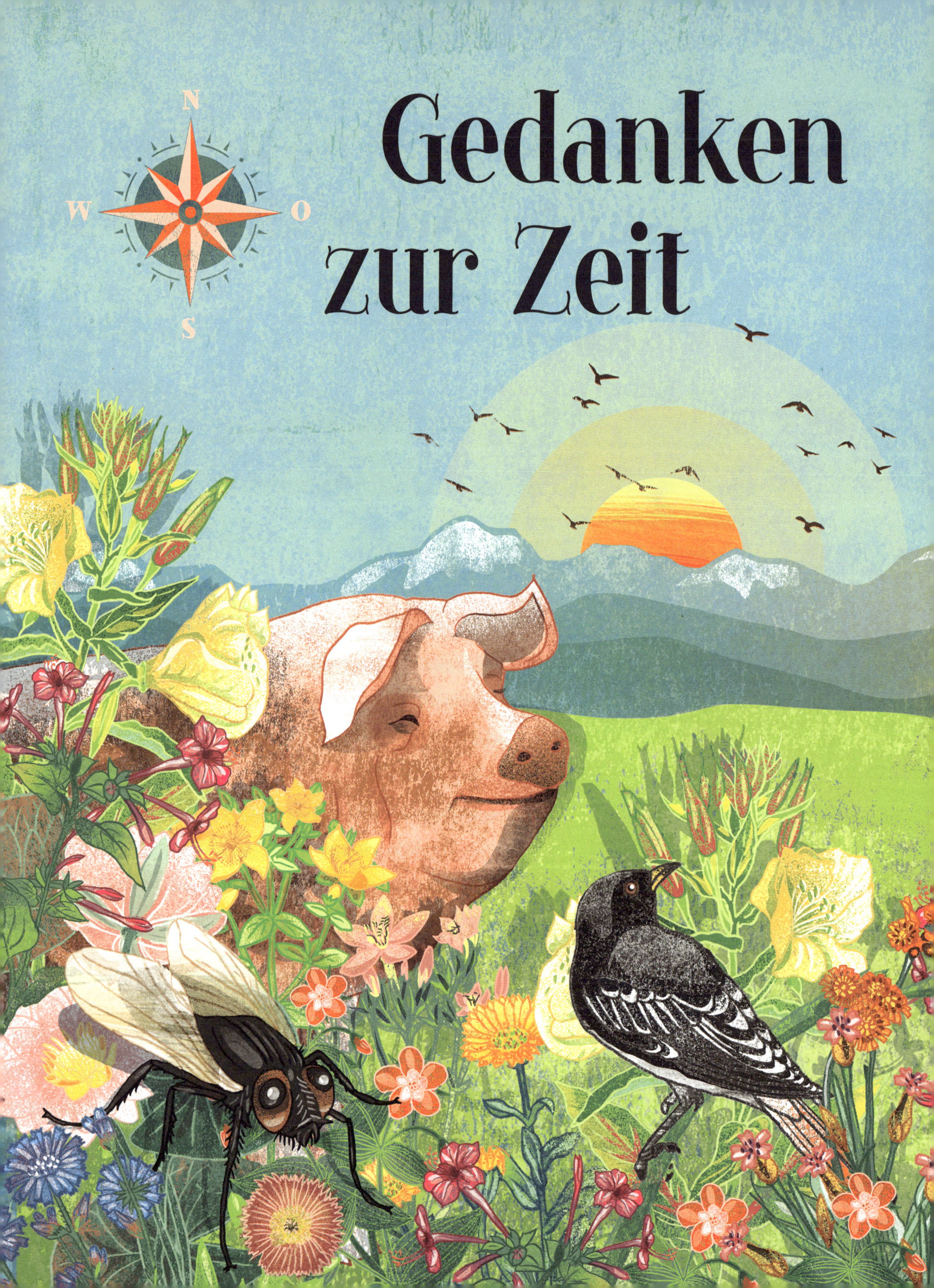
Gedanken
zur Zeit
N
W
O
S

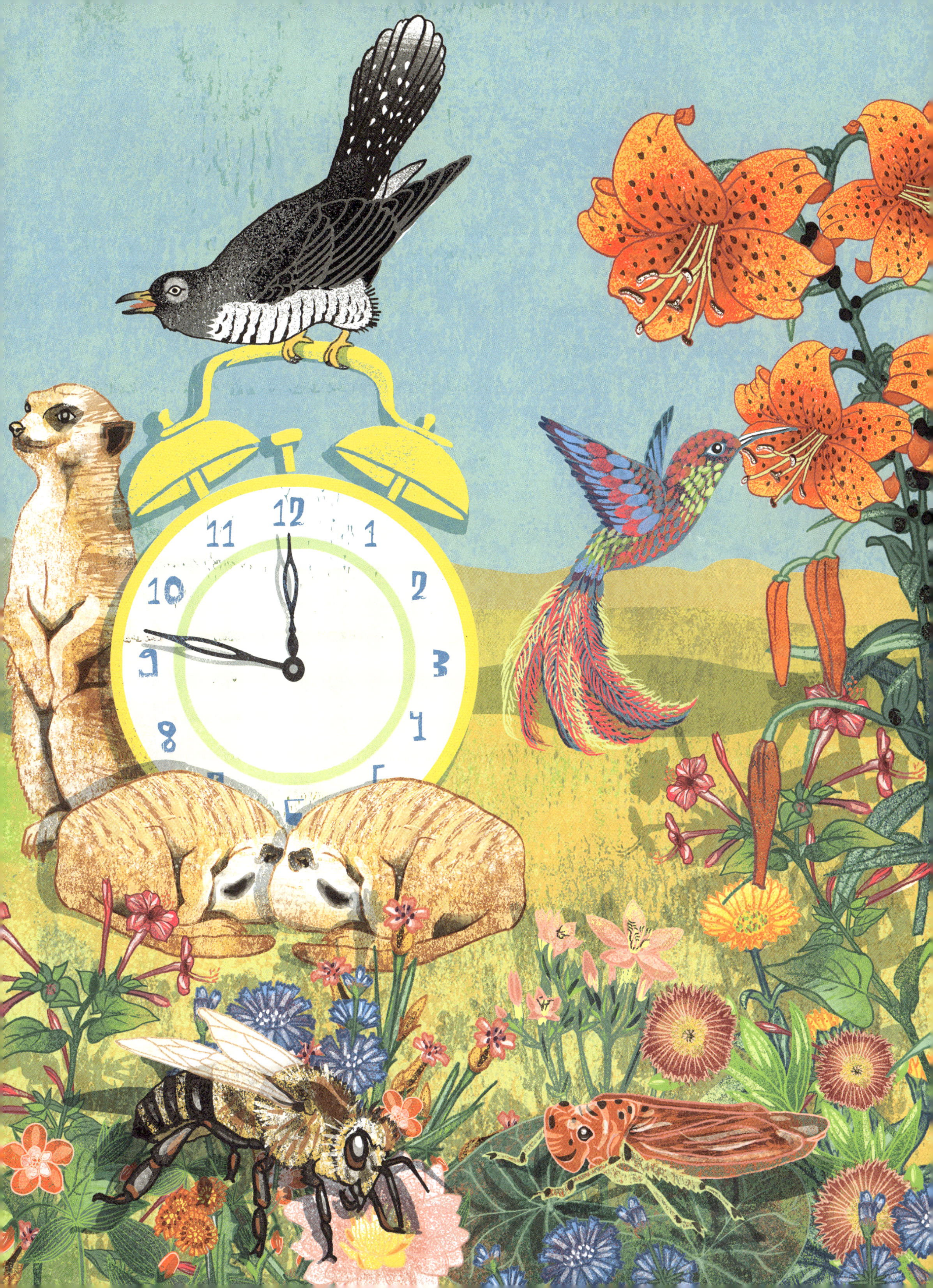

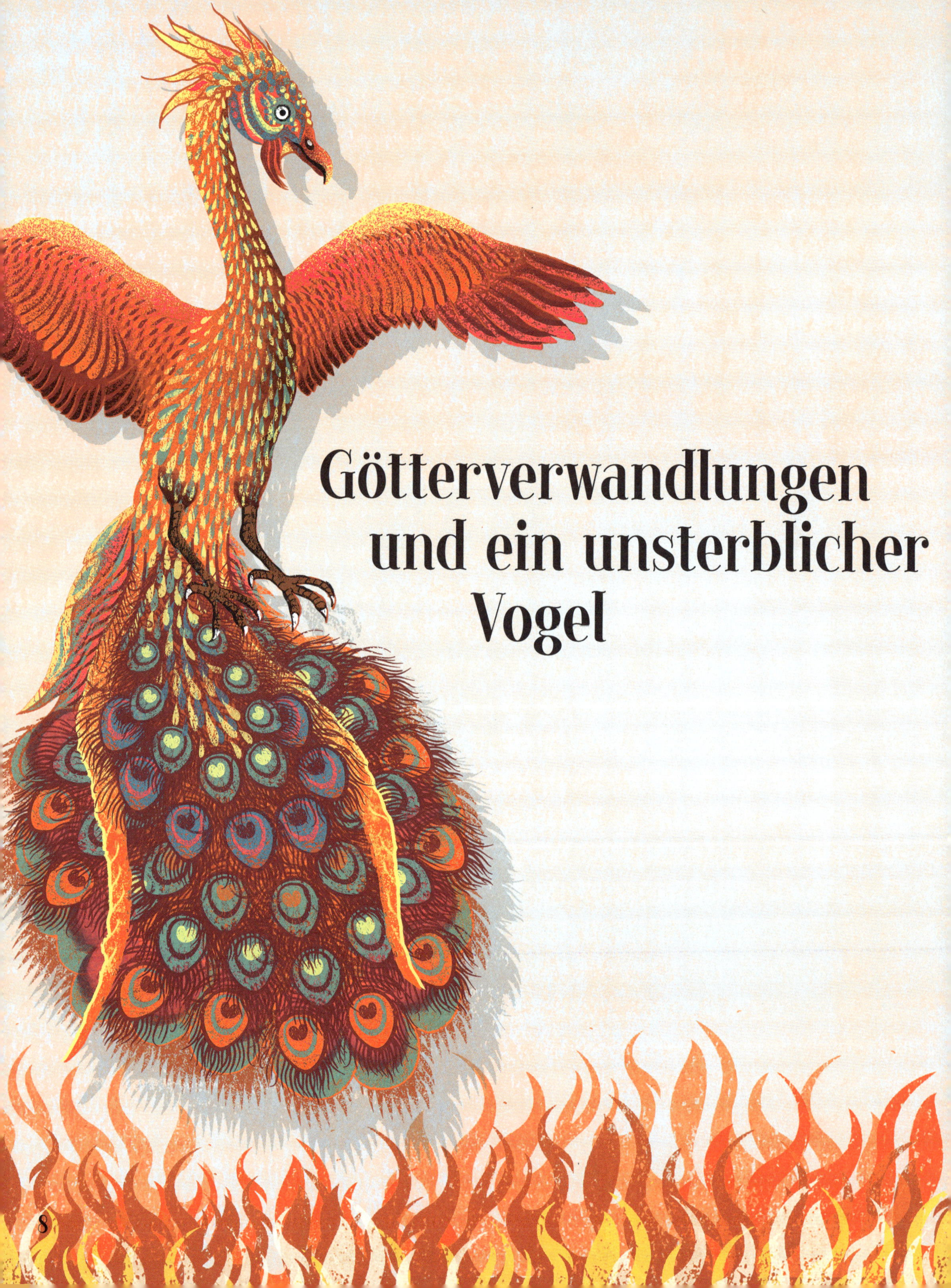

Götterverwandlungen und ein unsterblicher Vogel

Schon sehr früh haben die Menschen den Himmel studiert und dabei Erkenntnisse über die Zeit gewonnen. Aber trotzdem – so richtig begreifen konnten sie die Zeit nicht. Also erklärte man sie sich mit Geschichten. Und auch wenn die ganz schön verrückt klingen, gehören manche ihrer Helden noch heute zu unserem Leben.

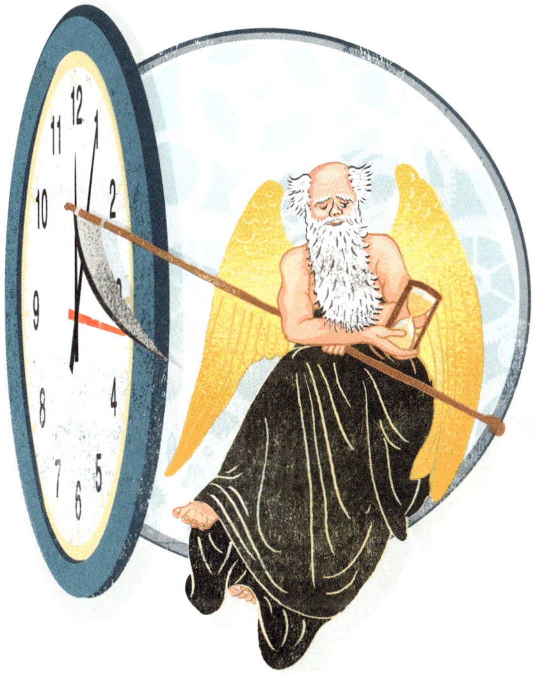

Chronos

Die alten Griechen, die vor 2500 Jahren in Städten rund um das Mittelmeer lebten, hatten für alles einen Gott. Mindestens einen. Selbstverständlich auch für die Zeit. Der Name des altgriechischen Zeitgottes war Chronos. Man glaubte, er habe sich selbst aus dem Chaos, dem Nichts erschaffen: Chronos war die Zeit und gleichzeitig der Schöpfer der Welt. Der Sage nach schuf er ein Welten-Ei, aus dem alles entstand.
Dieser Chronos mit C steckt noch heute in vielen Wörtern, die mit Zeit zu tun haben. Chronologisch zum Beispiel. Für dieses Wortungetüm ist Chronos verantwortlich. Wenn man etwas chronologisch erzählen soll, muss man alles in der richtigen zeitlichen Reihenfolge wiedergeben. Also nacheinander. So, wie es passiert ist. Wir sortieren unsere Gedanken und Geschichten also heute noch nach einem altgriechischen Gott. Nicht schlecht, oder?

Oder Kronos?

Im Laufe der Zeit wurde Chronos immer wieder mit jemandem verwechselt, dessen Name so ähnlich klingt: Kronos mit K. Dieser Kronos, ein Titan, hatte seinen Vater Uranos, den Gott des Himmels, vom Thron gestoßen. Jetzt hatte er panische Angst davor, selbst eines Tages von seinen Kindern entmachtet zu werden.
Also verschluckte er sie eins nach dem anderen, allesamt wichtige Götter. Irgendwann hatte ihre Mutter Rhea genug davon und versteckte Zeus, das jüngste Kind, vor Kronos. Und dieser Zeus brachte seinen Vater schließlich mit einer List dazu, die älteren Geschwister wieder auszuspucken. Eine ganz schön brutale Geschichte! Sie lässt sich aber auf die Lebenszeit des Menschen beziehen: Kronos gibt Leben und dann verschlingt er es wieder.

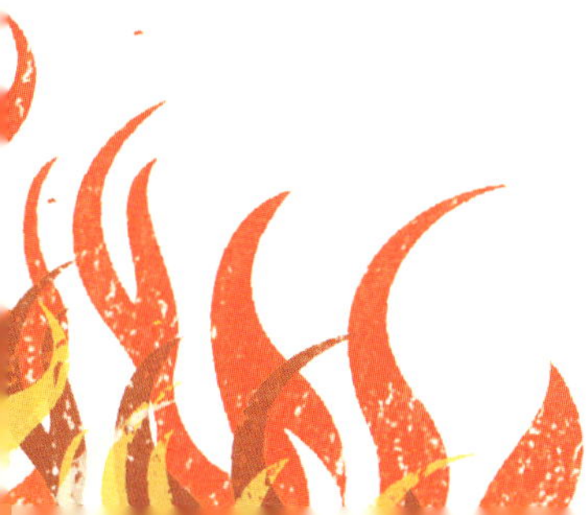

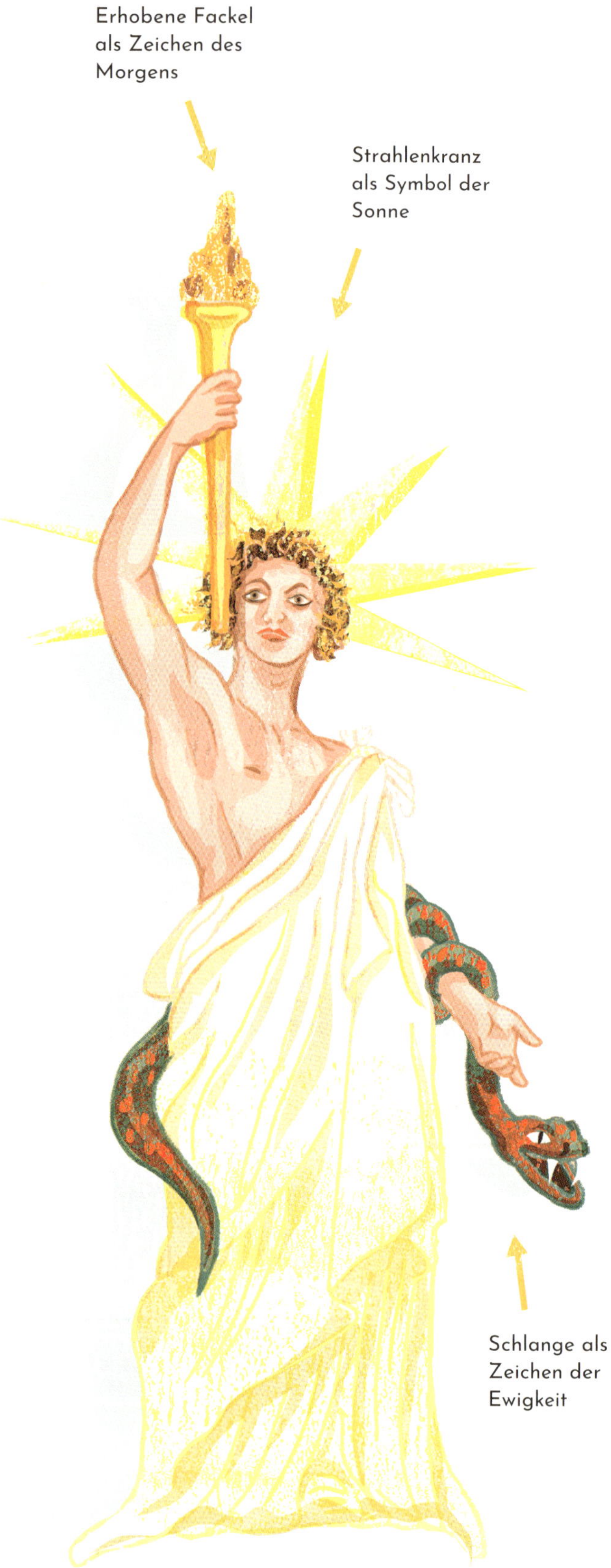

Vom Zeit- zum Sonnengott

Auch die alten Römer, die nach den Griechen über das Mittelmeer herrschten, konnten gar nicht genug Götter haben. Sie suchten sich ein ganzes Heer aus verschiedenen älteren Kulturen zusammen. Dann gaben sie ihnen neue Namen, ein neues Outfit und mindestens ein spezielles Erkennungszeichen.
Viele griechische Götter wurden so in römische Götter verwandelt. Aber auch bei den alten Persern, die vor 2200 Jahren auf dem Gebiet des heutigen Irans lebten, bediente man sich.
Sie hatten einen Zeitgott namens Zurvan. Als Schöpfergott vereinte er Raum und Zeit in sich. Die alten Römer waren fasziniert von Zurvan. Also tauften sie ihn kurzerhand in Mithras um und machten aus dem Zeitgott einen unbesiegbaren Sonnengott. Schlecht ging es Mithras alias Zurvan bei den Römern nicht. Sie verliehen ihm einen Strahlenkranz als Zeichen für die Sonne, eine Schlange, die die Ewigkeit darstellte, und eine Fackel, mit der er die Tageszeit anzeigen konnte. Damit diente er übrigens Jahrhunderte später als großes Vorbild für seine »kleine« Schwester: die amerikanische Freiheitsstatue.

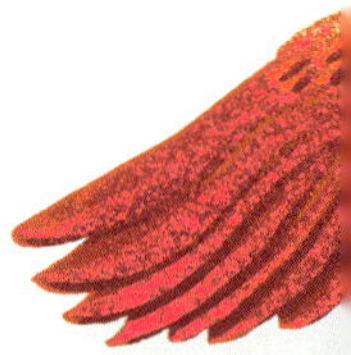

Doppelkopf

Einer der wenigen Götter, den sich die alten Römer selbst ausgedacht haben, hieß Janus. Er war der Herr der Zeit und hatte zwei Köpfe. Mit dem einen schaute er in die Vergangenheit, mit dem anderen in die Zukunft. Der Beginn der Zeit war für ihn besonders wichtig: Noch heute trägt der Januar, der erste Monat im Jahr, seinen Namen. Zum Anfang religiöser Feiern beteten die alten Römer immer zuerst zu Janus. Heute genießt er allerdings nicht mehr so ein hohes Ansehen: Wenn man sagt, jemand sei wie Janus, bedeutet das, man traut der Person nicht, denn sie oder er spricht mit zwei Köpfen – wie eine Schlange mit gespaltener Zunge.

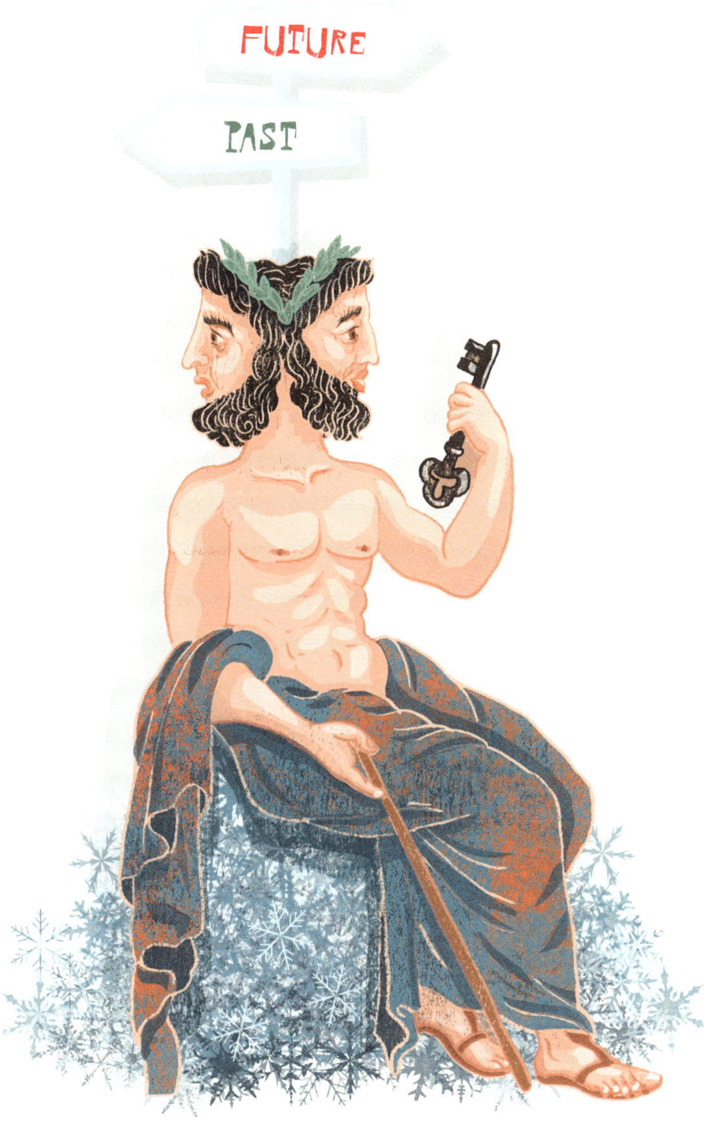

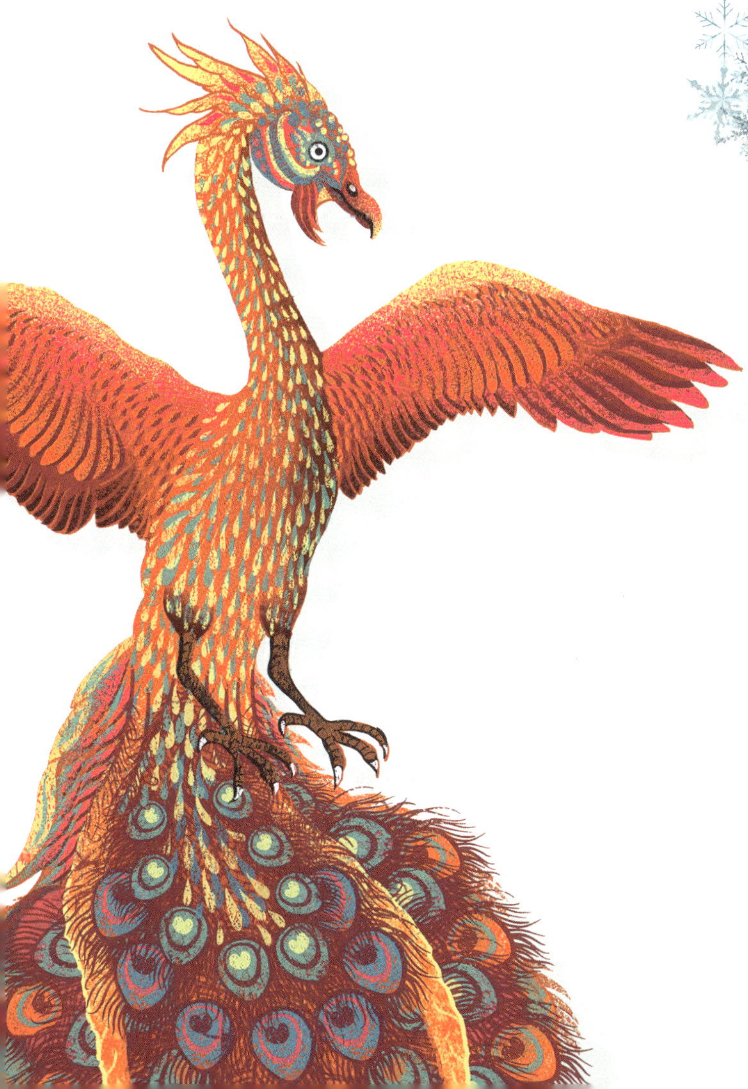

Phönix

Ein anderes Zeit-Wesen, das aus der Ära der alten Griechen stammt, ist der Phönix. In den USA ist eine Großstadt nach ihm benannt. Auch Sportvereine, Fernsehsender und viele andere mehr tragen den Namen des alten Vogels. Wieso eigentlich? Der alten Sage nach lebte er 500 Jahre, bevor er sich selbst verbrannte, um aus seiner Asche wiedergeboren zu werden. Das tat er alle 500 Jahre!

Die Tatsache, dass er immer wieder von Neuem aus dem Nichts entstehen kann, macht den Menschen Mut – man sagt noch heute »wie ein Phönix aus der Asche auferstehen«. Das bedeutet, man kann auch mal richtig scheitern. Und danach geht es wieder neu und frisch von vorne los. Mit voller Kraft. Es lebe der Phönix!

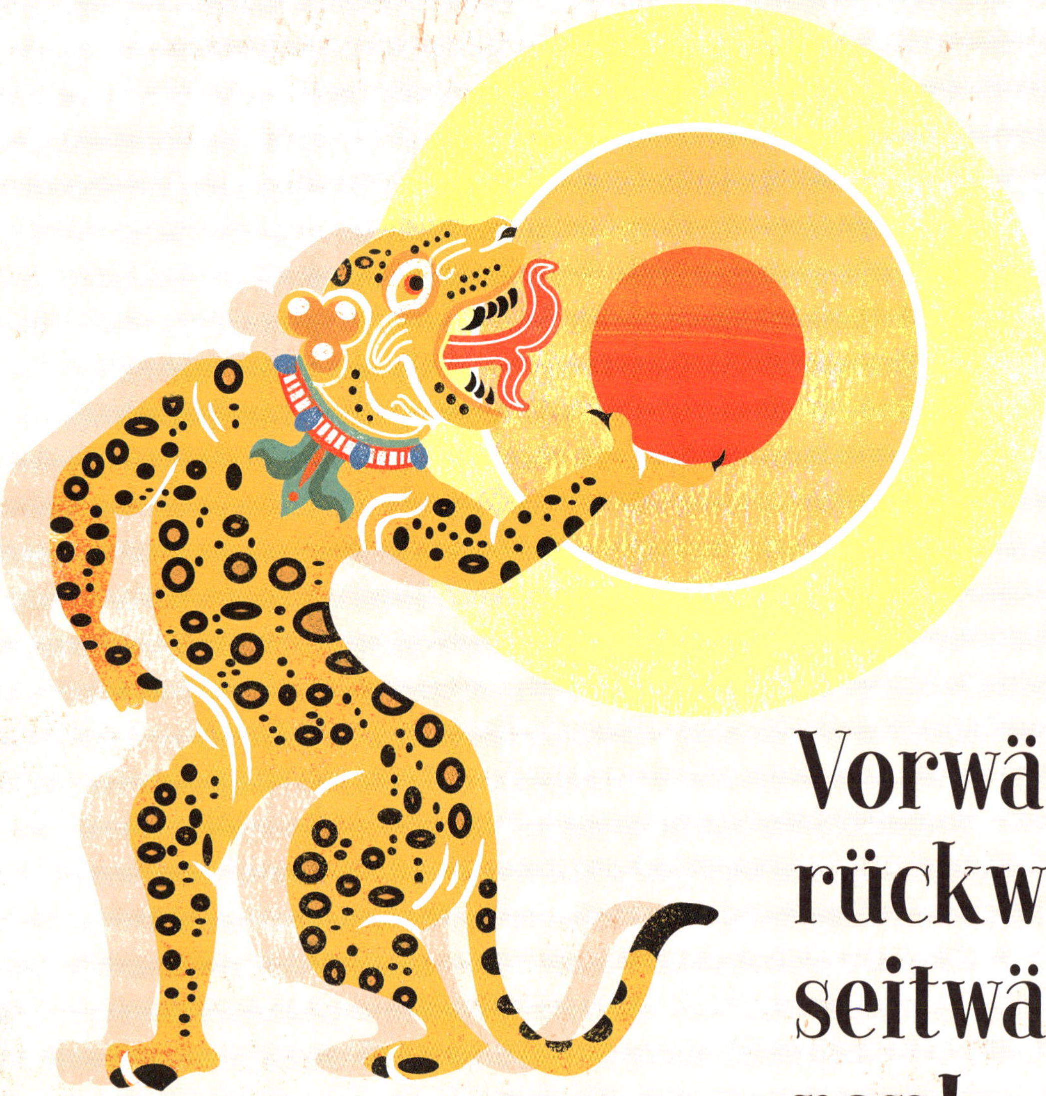

Vorwärts, rückwärts, seitwärts, ran!

Eins ist ja wohl klar: Gestern war gestern und vorbei ist vorbei. Von der Vergangenheit gibt es höchstens ein paar Fotos und Erinnerungen. Das Jetzt ist nur ganz kurz – und eigentlich direkt wieder verschwunden. Mit dem Kopf stecken wir meist heute schon im Morgen. Wir üben für das Basketballspiel am Wochenende oder die Theater-Aufführung im Sommer. Unser Kopf ist in die Zukunft gerichtet. Denn dahin fließt die Zeit – immer nach vorne. Wie ein Fluss. Und wir stecken mittendrin und schwimmen in die Zukunft. Jedenfalls glauben wir das.

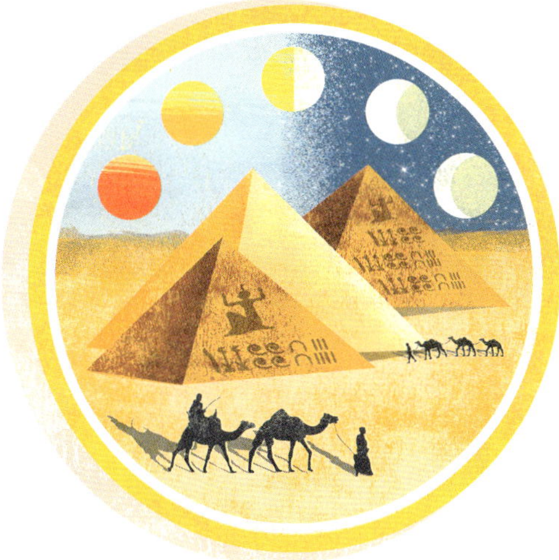

Die Zeit geht im Kreis

Die alten Ägypter sahen die Sache anders. Für sie gab es keine Vergangenheit, Gegenwart und Zukunft. Sie teilten die Zeit in zwei Formen: Neheh, die kreisförmig wiederkehrende Zeit, und Djet, die vollendete Ewigkeit. Auf die Idee, dass die Zeit sich stets wiederholt, kamen die alten Ägypter durch die Beobachtung der Natur. Sie stellten fest, dass vieles in einer Art Kreislauf passiert.

Die Sonne ging auf und wieder unter, der Nil lief voll und schwoll wieder ab. Jedes Jahr begann mit einer Überschwemmung des über die Ufer tretenden Nils, nach der alles zu wachsen begann. Am Ende des Jahres herrschte Dürre. Aber mit jedem neuen Jahr, mit jeder neuen Überschwemmung, begann alles von vorn.

Für diesen Kreislauf war im alten Ägypten der Sonnengott Re verantwortlich, der jeden Morgen am Horizont auftauchte, über den Himmel fuhr und abends in die Unterwelt von Osiris eintauchte. Dort vereinigte er sich um Mitternacht mit Djet, der Ewigkeit, und wurde jeden Morgen neu geboren.

Eine runde Sache!

Viele Kulturen verstehen die Zeit als Kreislauf. Denn in der Natur lassen sich allerhand Wiederholungen beobachten. Nicht nur die Sonne geht immer wieder auf und unter, auch der Mond.

In immer gleicher Reihenfolge wird es Frühling, Sommer, Herbst und Winter. Getreide wächst und wird geerntet. Immer und immer wieder. Ist das Leben vielleicht selbst ein Kreislauf, der sich stets wiederholt? Das alte Volk der Maya glaubte sogar, dass die Welt immer wieder von Neuem entsteht und untergeht. Für die Maya war die Nacht ein Jaguar, der jeden Abend die Sonne verschluckte und sie morgens wieder an den Himmel spuckte.

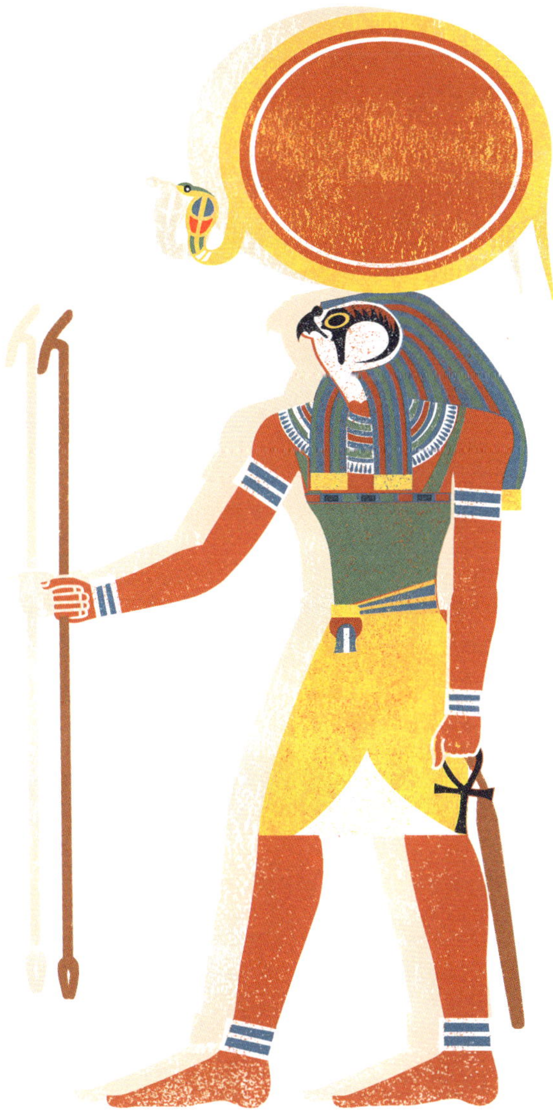

Rückwärts geht's auch!

Wer sagt also, dass die Zukunft vor uns liegt? Wir könnten uns ja einfach umdrehen. Genau das machen zum Beispiel viele Menschen in Madagaskar. Sie blicken Richtung Vergangenheit. Schließlich kennt man die. Man kann sie sehen, sie feiern und mit ihr spielen. Die Zukunft hingegen ist das Unbekannte. Auch diesmal ist die Zeit ein Fluss. Nur schwimmen die Menschen nicht mit ihm Richtung Zukunft, sondern die Zeit fließt von hinten in den Kopf hinein und wird dann zur Vergangenheit.

Das kurze Jetzt und die vergessene Zeit

Vergessen wir mal für einen Moment Vergangenheit und Zukunft. Da gibt es ja auch noch die Gegenwart, das Jetzt. Wie lange dauert das eigentlich? Wenn man »Jetzt« denkt, ist es doch eigentlich schon wieder vorbei, oder? Die Gegenwart lässt sich irgendwie ganz schlecht festhalten. Sie flutscht einem regelrecht aus der Hand. Forscher haben herausgefunden, dass wir nur ungefähr drei Sekunden als »Jetzt« empfinden. Wenn etwas länger als drei Sekunden her ist, empfinden wir es als Vergangenheit. Ganz schön kurz, dieses Jetzt.

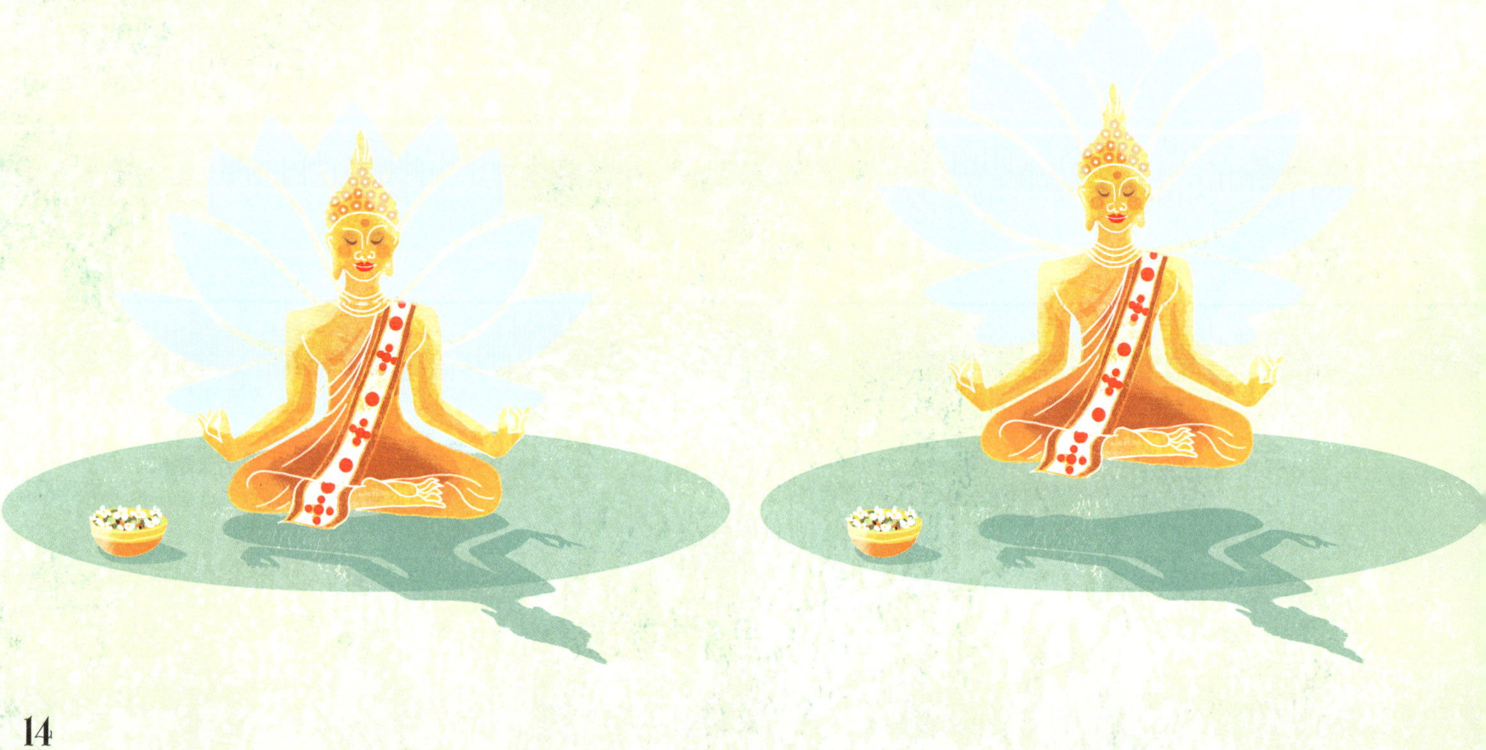

Denk einfach nicht dran!

Es ist gar nicht so einfach, in der Gegenwart zu leben. Viel hängt davon ab, wie sehr man an die Zeit denkt. Wenn man zum Beispiel beim Spielen oder Lernen total bei der Sache ist und alles andere vergisst, dann lebt man ganz und gar im Jetzt. Und ist glücklich, weil die Zeit völlig unwichtig ist.

Erwachsenen fällt es oft schwer, die Zeit zu vergessen und in der Gegenwart zu leben. Sie sind mit ihren Gedanken meistens in der Zukunft und bei allem, was sie bis wann noch machen müssen. Sie denken daran, was bei der Arbeit zu tun ist, wem sie noch eine Nachricht schreiben wollen, dass sie Oma anrufen sollten, einkaufen und und und. To-Do-Listen und Handy-Erinnerungen machen die Sache nicht besser.

Dieses ständige Leben in der Zukunft ist stressig und macht Erwachsene oft gereizt. Also bloß nicht anstecken lassen! Trödeln und einfach mal die Zeit vergessen ist gut für die Gesundheit. Manche Erwachsene versuchen wieder zu lernen, die Zeit zu vergessen. Sie machen Meditation oder Yoga – und schaffen es dabei manchmal, sich zeitlos zu fühlen.

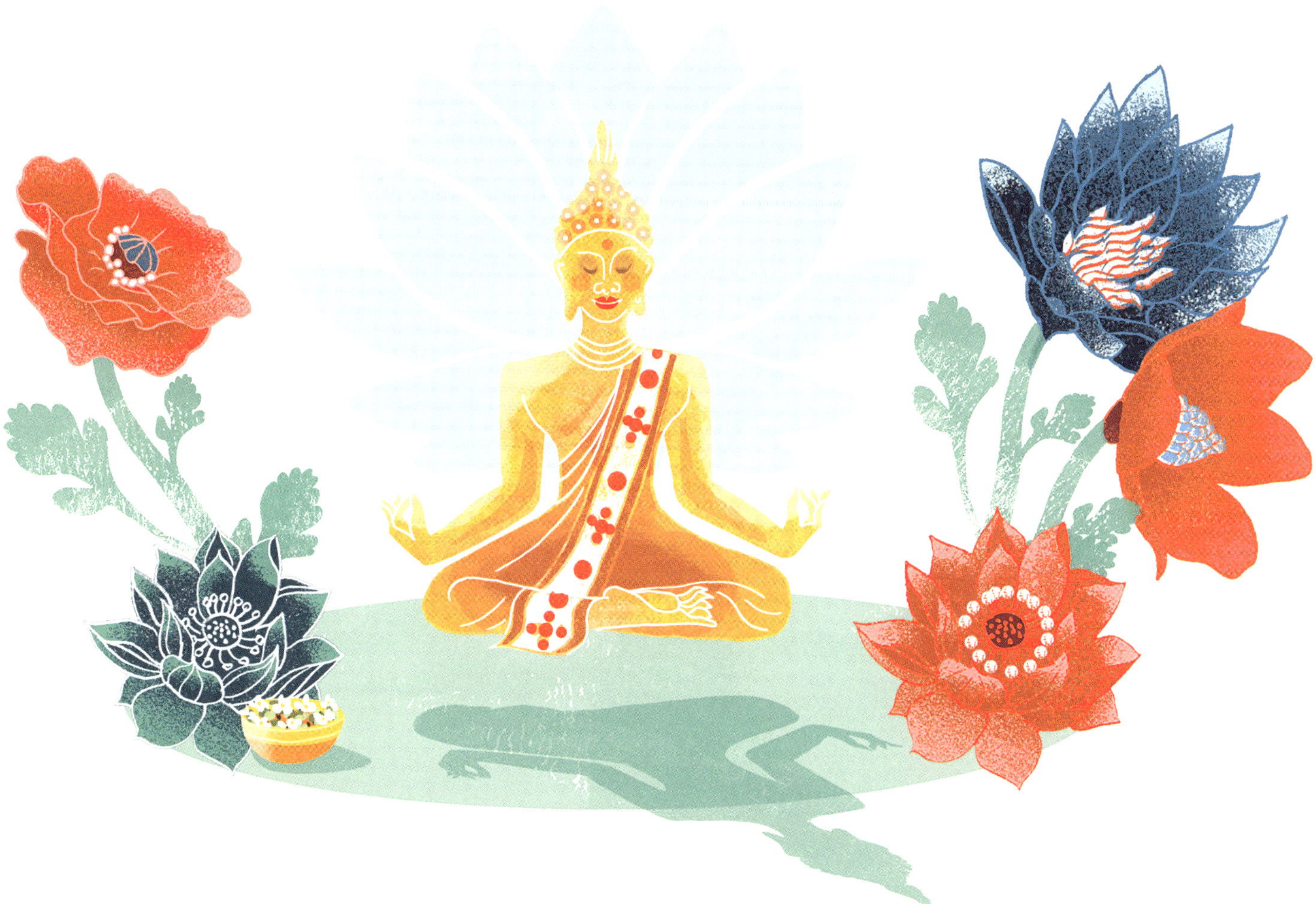

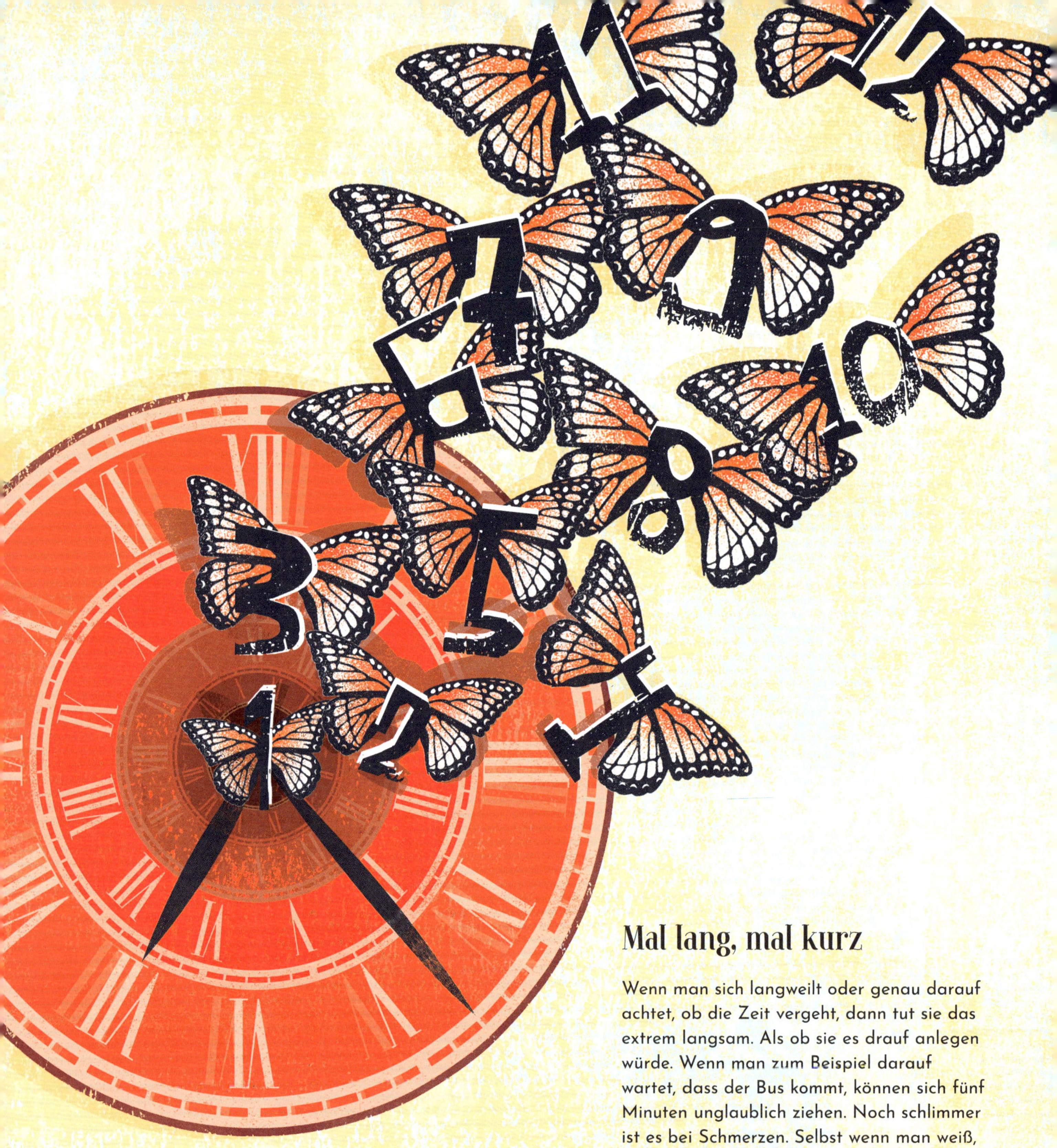

Mal lang, mal kurz

Wenn man sich langweilt oder genau darauf achtet, ob die Zeit vergeht, dann tut sie das extrem langsam. Als ob sie es drauf anlegen würde. Wenn man zum Beispiel darauf wartet, dass der Bus kommt, können sich fünf Minuten unglaublich ziehen. Noch schlimmer ist es bei Schmerzen. Selbst wenn man weiß, in fünf Minuten sind sie vorbei, hat man das Gefühl, diese fünf Minuten dauern eine halbe Ewigkeit.
Schön wäre doch, wenn sich fünf Minuten auch bei spannenden Sachen so dehnen würden. Aber nein, es ist genau umgekehrt! Wenn man viel erlebt und Spaß hat, kommt einem eine ganze Stunde gerne mal wie fünf Minuten vor.

Ereigniszeit

Wie lange etwas für uns dauert, hat mit unserer Wahrnehmung von Zeit zu tun. Und die hängt damit zusammen, was für uns in dieser Zeit passiert.
Je mehr man in einer bestimmten Zeit erlebt, desto kürzer kommt einem diese Zeit vor. Die Zeit vergeht wie im Flug, sagen die Leute dann. Je weniger man in einer bestimmten Zeit erlebt, desto länger kommt einem diese Zeit vor. Wozu gehört Zimmer aufräumen? Ganz klar. Es passiert wenig, kommt einem also immer zu lang vor. Die Zeit fühlt sich so zäh an wie ein alter Kaugummi, der unter dem Tisch klebt. Oder als wäre sie komplett stehen geblieben.

Das Zeitparadoxon

So, und jetzt wird alles noch verrückter. In der Erinnerung wird das Ganze nämlich umgedreht! Erstens, und das ist wirklich eine geniale Erfindung: Die ganzen langweiligen Sachen wie Tasche packen, Zimmer aufräumen und Müll rausbringen, die vergisst man. Auch wenn sie sich im Moment selbst anfühlen, als dauerten sie eine Ewigkeit. Aber die spannenden Sachen wie tolle Abenteuer mit Freunden, die viel zu schnell vorbeigehen, die kommen einem in der Erinnerung sehr lang vor. Eigentlich nicht schlecht dieses Paradoxon, oder?

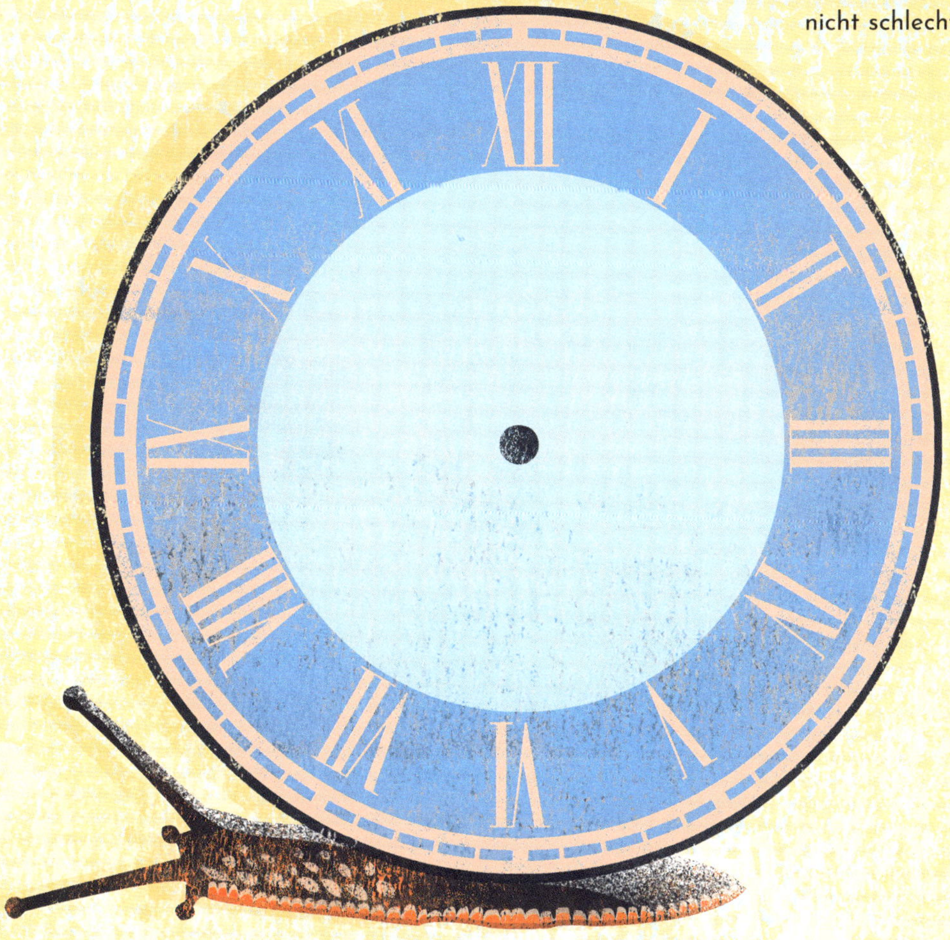

Sparst du noch oder schenkst du schon?

Erwachsene haben keine Zeit. Jedenfalls sagen sie das dauernd. Zeit ist Geld, sagen sie. Und, ach ja, sie wollen Zeit sparen. Also Beeilung bitte. Mit dem Zeit sparen ist das so eine Sache. Wie spart man die eigentlich? Und was kann man sich von der gesparten Zeit später dann kaufen? Zeit, die man ganz frei verwenden darf? Eigentlich keine schlechte Idee. Man spart Zeit bei den langweiligen Sachen wie Anziehen, Spülmaschine ausräumen, Streiten ums Müll runterbringen und hat dann einen großen Block Zeit übrig. Den könnte man dann ungestört zusammen genießen. Wie eine große Packung Eis. Klappt aber leider so nicht. Auch wenn wir Menschen immer wieder neue Sachen erfinden, um Zeit zu sparen.

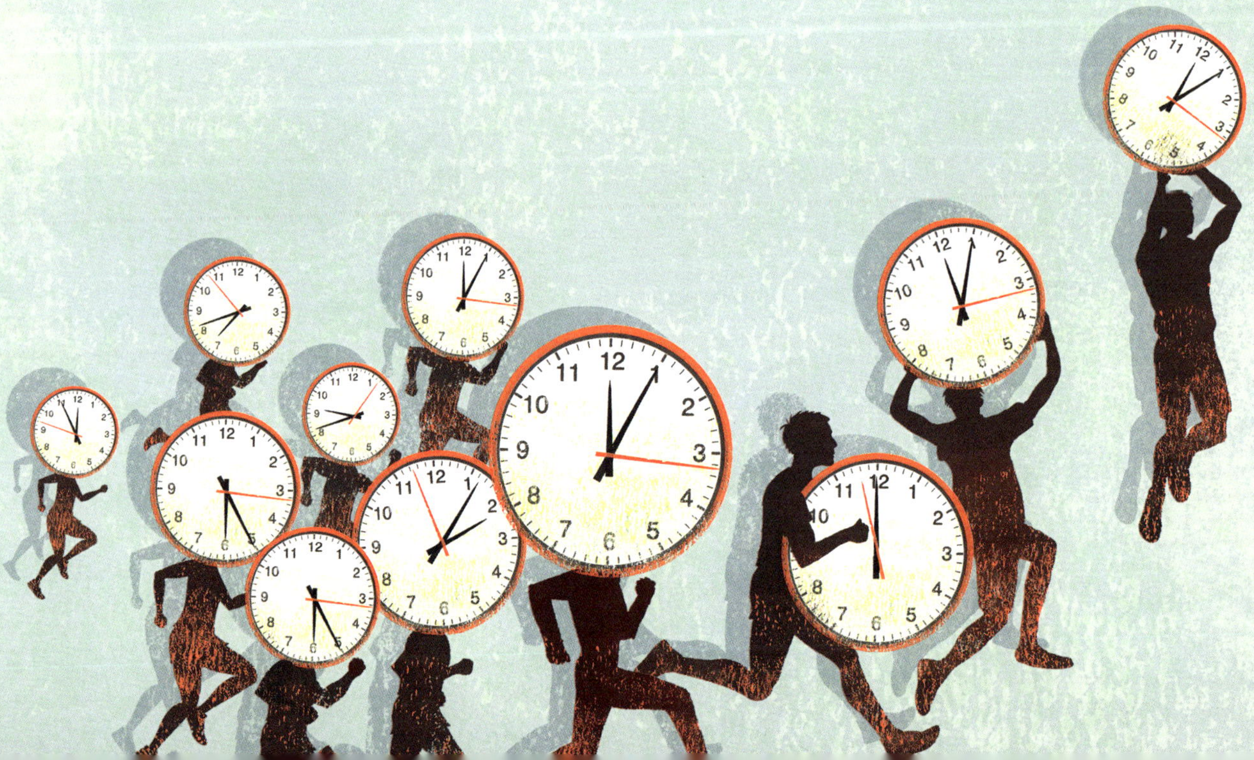

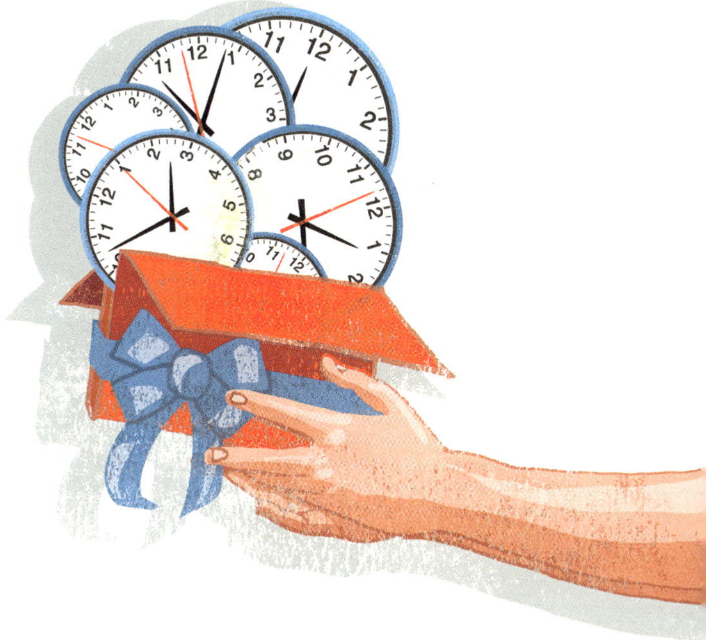

Immer alles gleichzeitig

Noch schnell online was checken. Oh, eine Nachricht! Die muss ich noch schnell lesen. Und jetzt noch ganz kurz drauf antworten. Ach, der ist auch grade online? Und jemand hat grade ein Video hochgeladen. Was ich eigentlich grade wollte? Weiß ich nicht mehr so genau.
Heute machen viele Menschen viele Dinge gleichzeitig. Klar, dass sie dann nicht so ganz bei der Sache sind. Aber sie kriegen viel geschafft. Was genau, wissen sie allerdings schon kurze Zeit später nicht mehr so richtig. Und besonders viel Spaß macht es auch nicht. Wer schon mal versucht hat, jemandem was zu erzählen, der gleichzeitig noch was anderes macht, kennt das. Irgendwann hat man echt keine Lust mehr.

Noch ein Zeitparadoxon

Seltsam, aber wahr: Je mehr Zeit man spart, desto weniger hat man. Forscher haben herausgefunden, dass wir heute in einer Zeiteinheit viel mehr schaffen als die Leute früher. Aber wir haben deswegen nicht mehr Zeit. Im Gegenteil.
Je mehr Zeit wir sparen, desto mehr erwarten wir, in der gleichen Zeit zu schaffen. Das führt zu Stress und zu wieder neuen Zeitspar-Erfindungen. Vielleicht ist das Zeit sparen einfach keine so gute Idee. Denn die Zeit ist gar nicht knapp. Vielleicht liegt das Problem eher in unseren Erwartungen. Darin, was wir alles schaffen wollen. Und vielleicht funktioniert das Paradoxon ja auch anders herum: Wir sollten mal etwas erfinden, womit man keine Zeit spart, sondern sie ausgibt, verschenkt. Dann hat man vielleicht mehr davon!

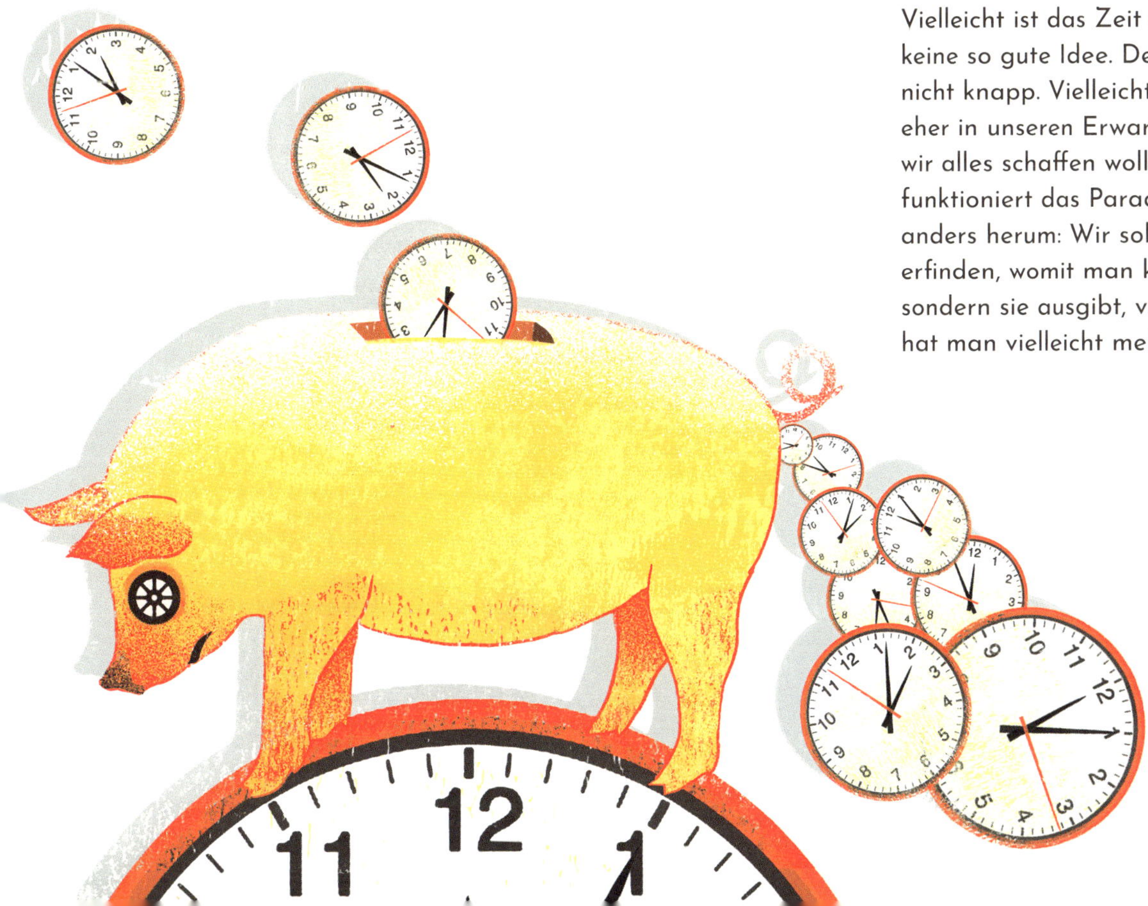

Tierisch organisiert!

Zeit messen ist eine menschliche Leidenschaft. Unzählige Erfindungen helfen uns dabei, Zeit zu berechnen und uns danach zu organisieren. Aber was ist mit Tieren und Pflanzen, die ohne Uhren, Apps und Kalender auskommen? Tiere haben eine ziemlich exakt tickende innere Uhr, auf die sie sich verlassen können – bei der Futtersuche, bei der Paarung und auch beim Überwintern.

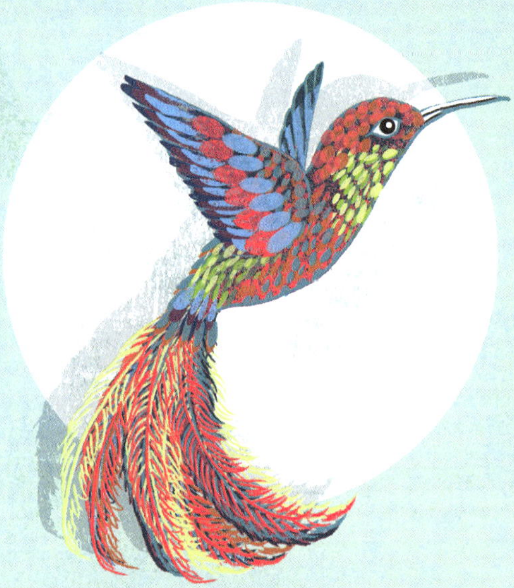

Kolibri

Kolibris merken sich die Zeit, in der eine Blüte neuen Nektar produziert. Und fliegen sie erst wieder an, wenn der Nektar nachgefüllt ist.

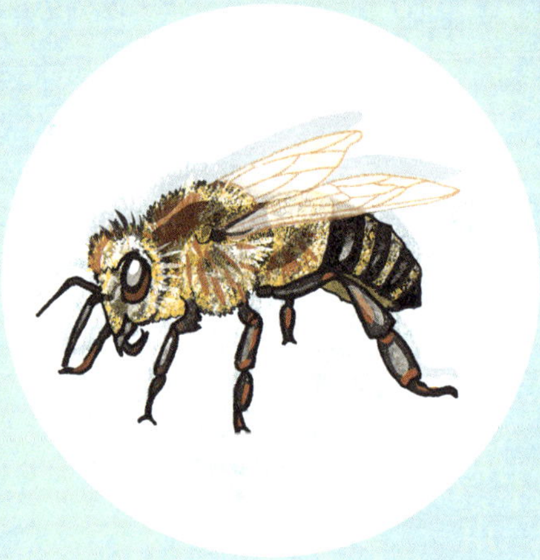

Biene

Bienen erinnern sich an Orte und aktualisieren regelmäßig ihren inneren Kalender der Blüten-Öffnungszeiten.

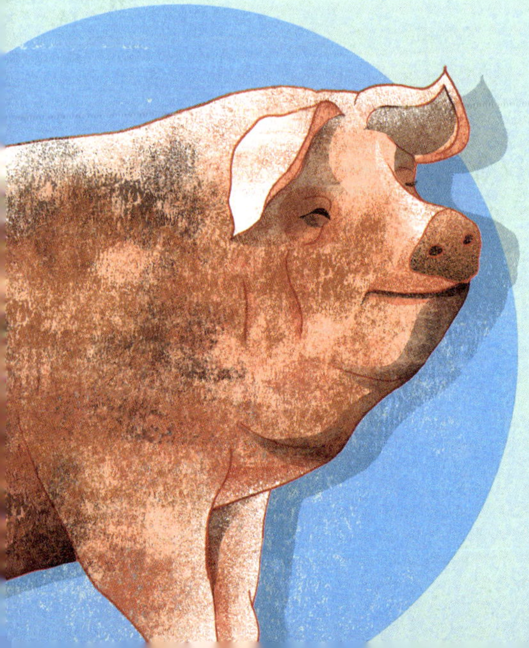

Schwein

Schweine lieben Ordnung: fressen, spielen, schlafen, aber bitte jeden Tag zur selben Zeit. Pünktlich! Sonst gibt's Stress.

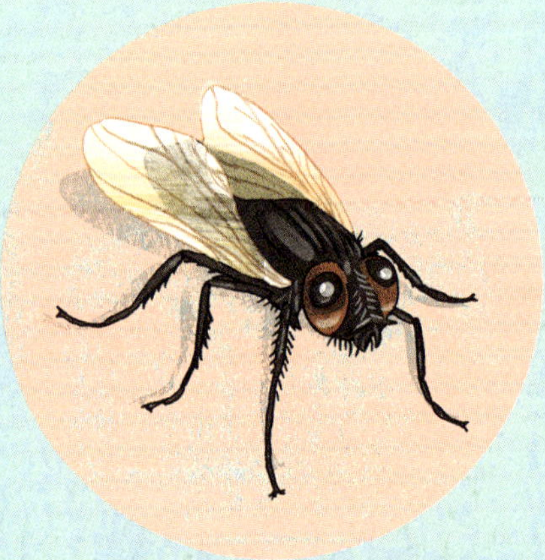

Fliege

Fliegenaugen sehen dreimal mehr Bilder pro Sekunde als Menschen. Dank dieses Zeitlupen-effekts können sie schneller fliehen.

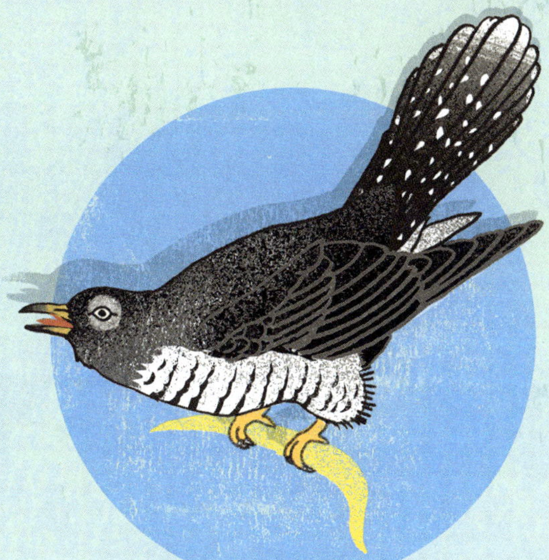

Zugvögel

Zugvögel haben eingebaute Wecker und Navis. Selbst der elternlose Kuckuck weiß, wann er in den Süden fliegen muss und wo es langgeht.

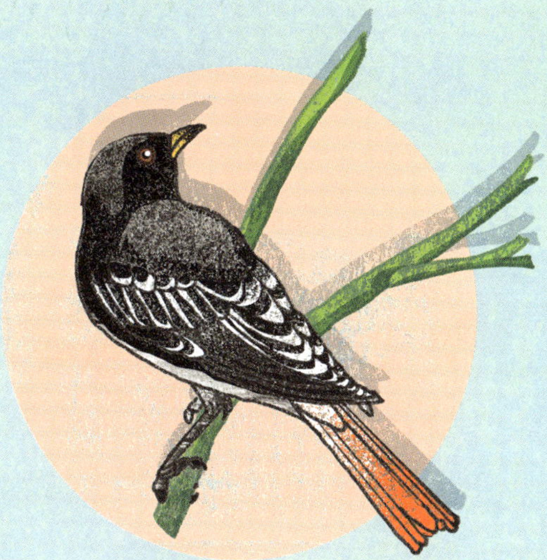

Vögel

Männchen singen im Frühjahr, um Weibchen anzulocken. Die Vögel singen der Reihe nach: Der Gartenrotschwanz beginnt schon 80 Minuten vor Sonnenaufgang, der Buchfink schläft bis 10 Minuten vor Sonnenaufgang. Für alle gilt: Nicht verschlafen, sonst singen andere!

Erdmännchen

Erdmännchen fühlen, wann der Winterschlaf beginnt. Wenn es Zeit ist zu schlafen, wird geschlafen, egal, ob es kalt ist oder nicht. Die innere Uhr von Winterschläfern bringt die Tiere dazu, sich zur Ruhe zu legen. So können sie Zeiten, in denen es nicht viel Futter gibt, gut überstehen.

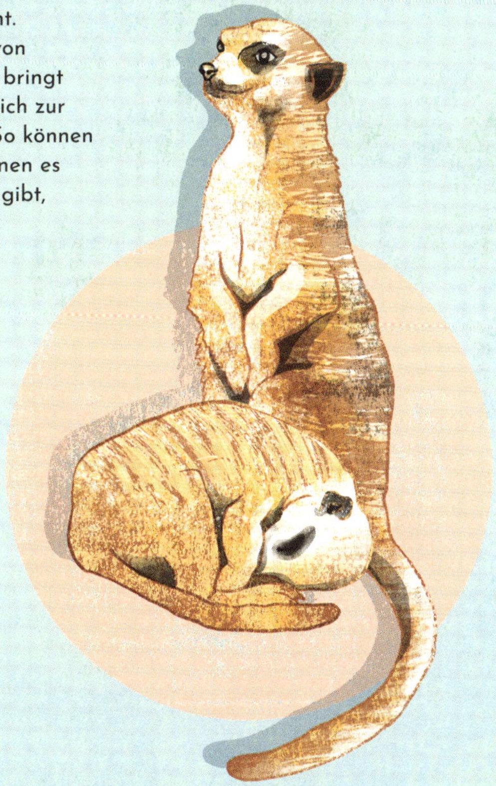

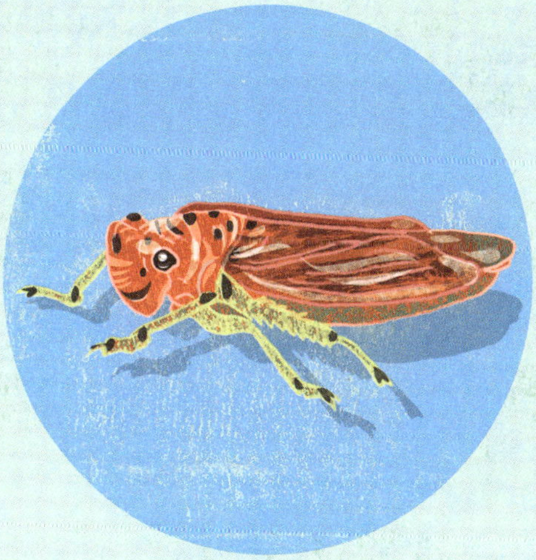

Singzikade

Singzikaden schlüpfen nur alle 13 oder 17 Jahre. Dadurch, dass sie so selten auftauchen, umgehen die Zikaden Fressfeinde. Würden sie sich alle zwölf Jahre verpuppen, wären viel mehr Räuber hinter ihnen her. Alle 13 oder 17 Jahre ist die Zahl der Fressfeinde stark reduziert.

Bunt tickt die Blumenuhr

Blumen und Insekten haben sich zeitlich gut aufeinander abgestimmt. Die Blumen öffnen ihre Blüten nacheinander, damit die Insekten sie nicht alle gleichzeitig bestäuben müssen. Der schwedische Naturforscher Carl von Linné beobachtete die Öffnungszeiten der Blumen und entwickelte daraus eine Blumenuhr. Mit einem Blick auf die Blume, die grade blühte, wusste er, wie spät es war.

Die Blumen und ihre Öffnungszeiten

Eiskraut
blüht ab 10 Uhr morgens.

Ringelblume
wacht morgens zwischen 9 und 10 Uhr auf.

Bauchheil
blüht nach dem Mittagessen, zwischen 1 und 2 Uhr.

Tigerlilie
öffnet ihre Blüten ab 11 Uhr morgens.

Seerose
öffnet schon zwischen 6 und 7 Uhr morgens ihre Blüten.

Tausendgüldenkraut
ist ab 9 Uhr morgens am Start.

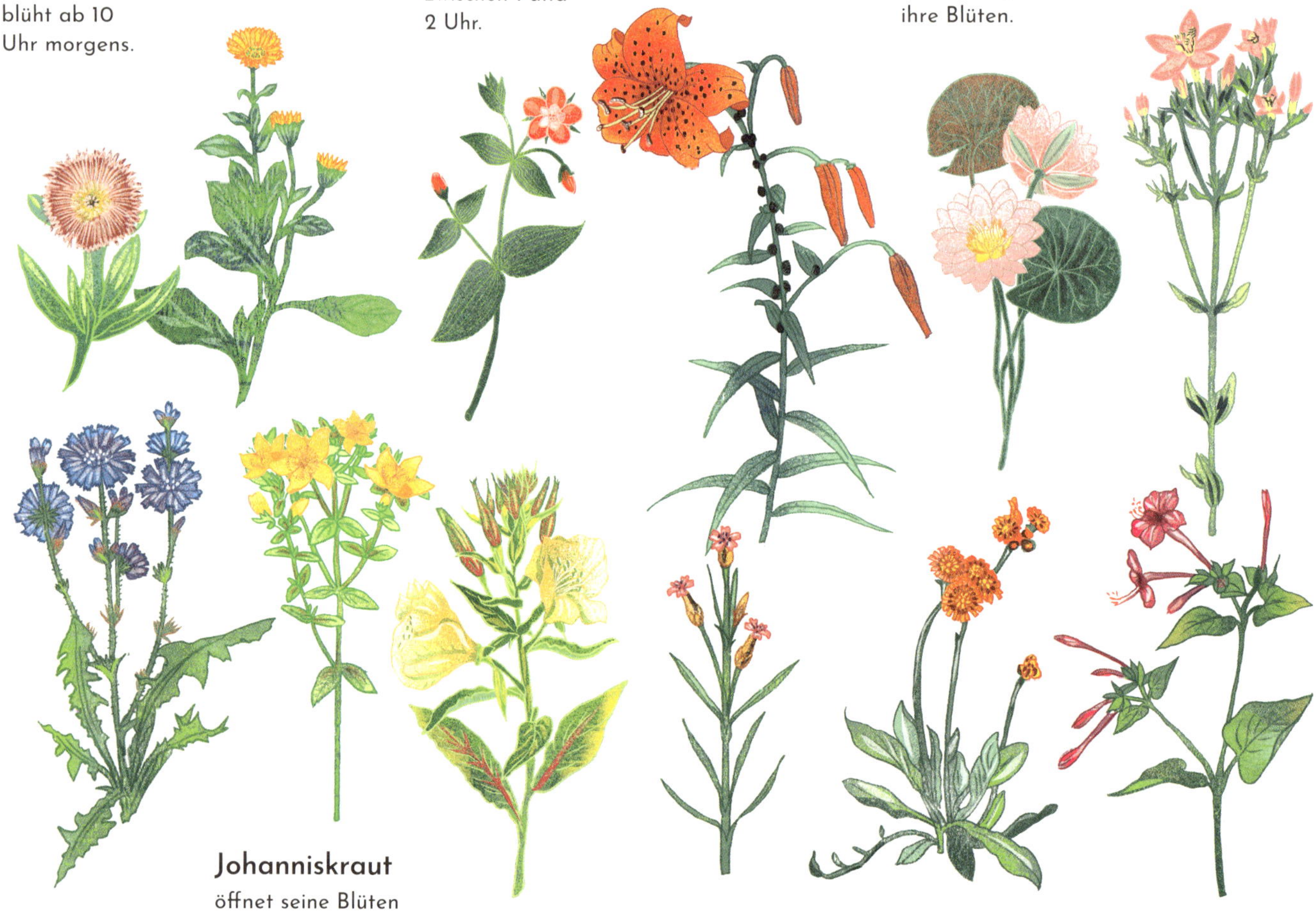

Wegwarte
erstrahlt nachmittags um 3 Uhr in schönstem Blau.

Johanniskraut
öffnet seine Blüten zwischen 7 und 8 Uhr morgens.

Nachtkerze
wacht natürlich erst zwischen 5 und 6 Uhr abends auf.

Felsnelke
zeigt sich gegen 1 Uhr mittags in voller Blütenpracht.

Rotes Habichtskraut
blüht etwa ab 3 Uhr nachmittags.

Wunderblume
öffnet ihre Blüten zwischen 4 und 5 Uhr nachmittags.

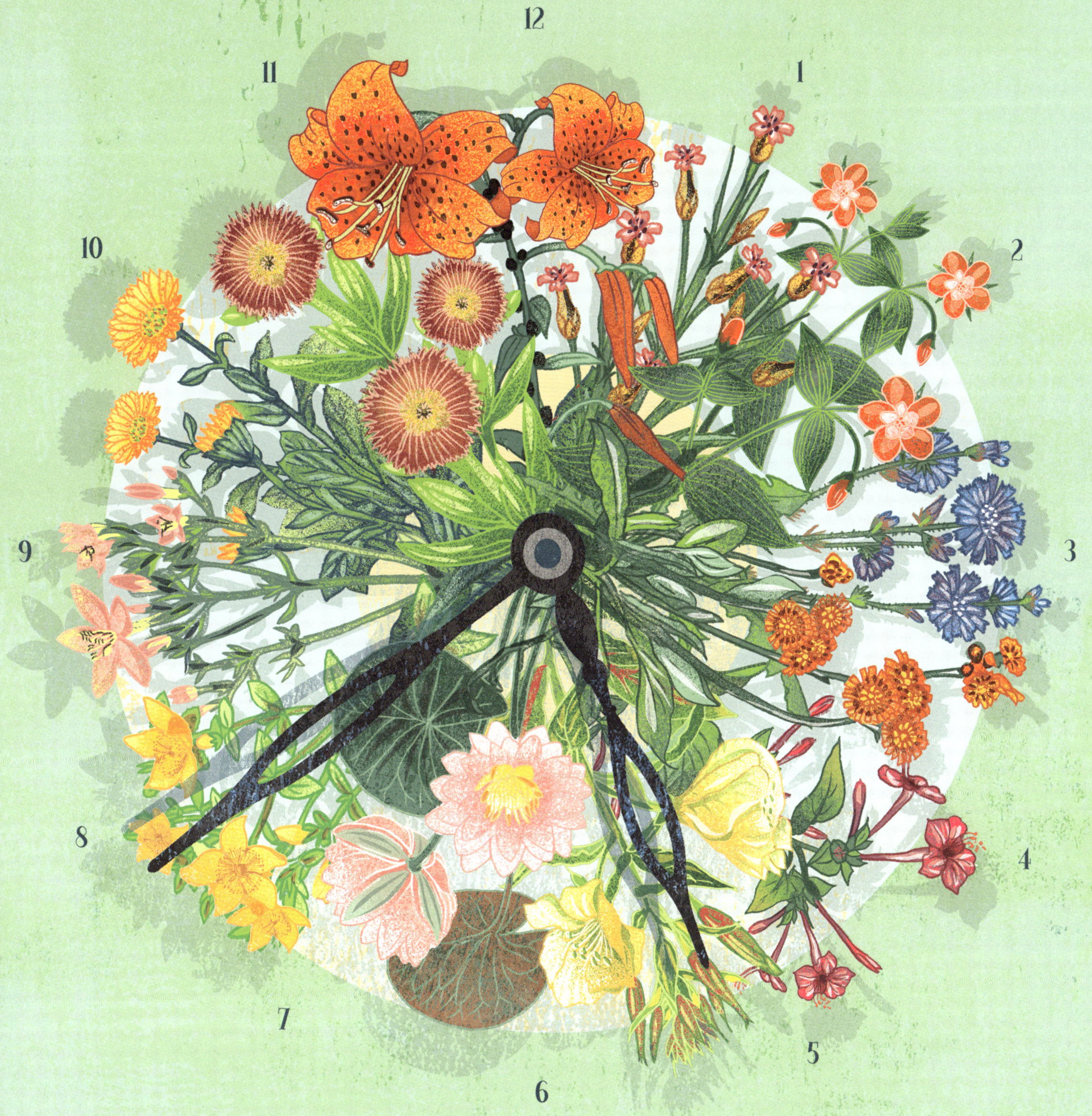
12
1
2
3
4
5
6
7
8
9
10
11

Einmal durchs Jahr

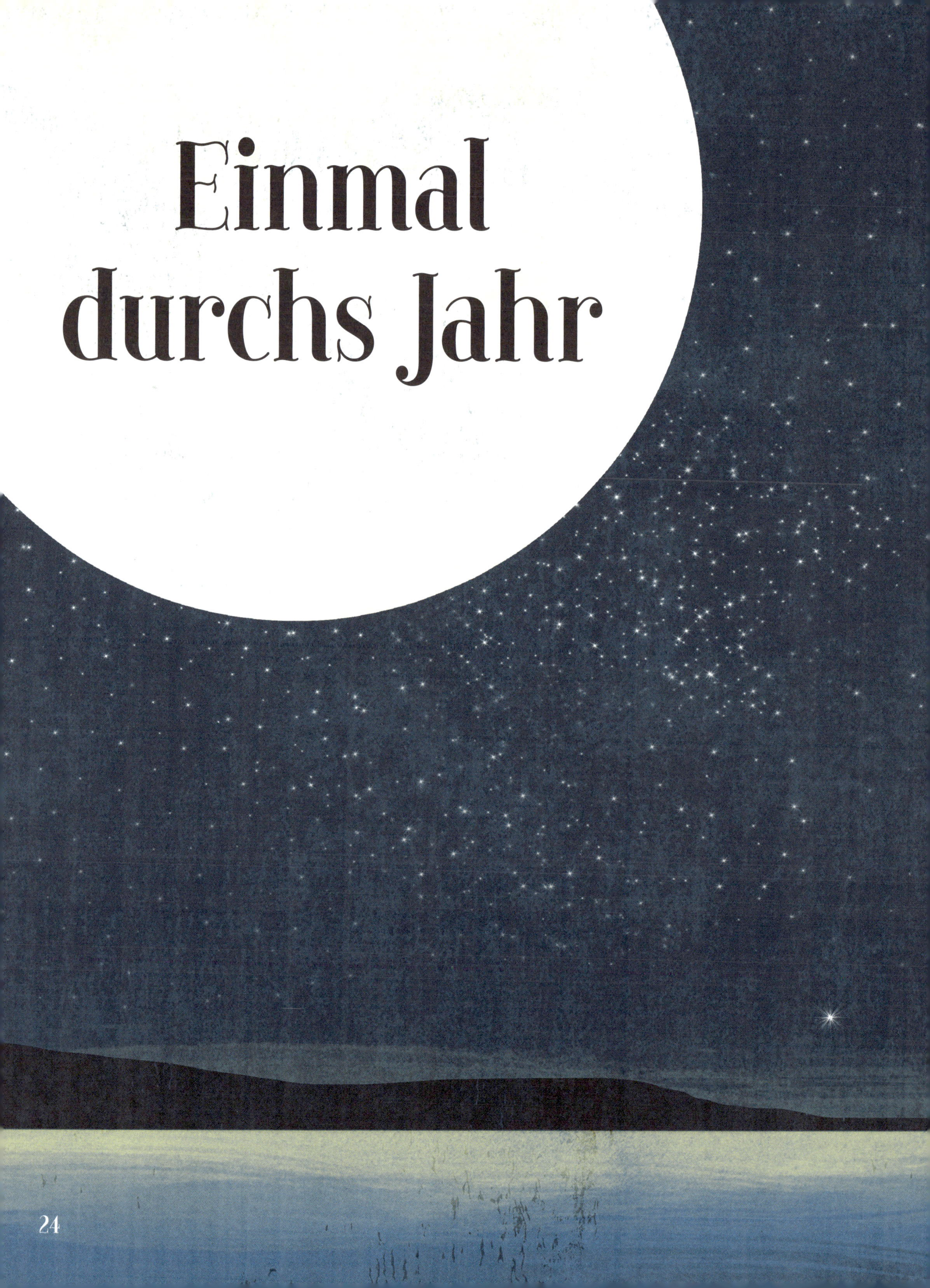

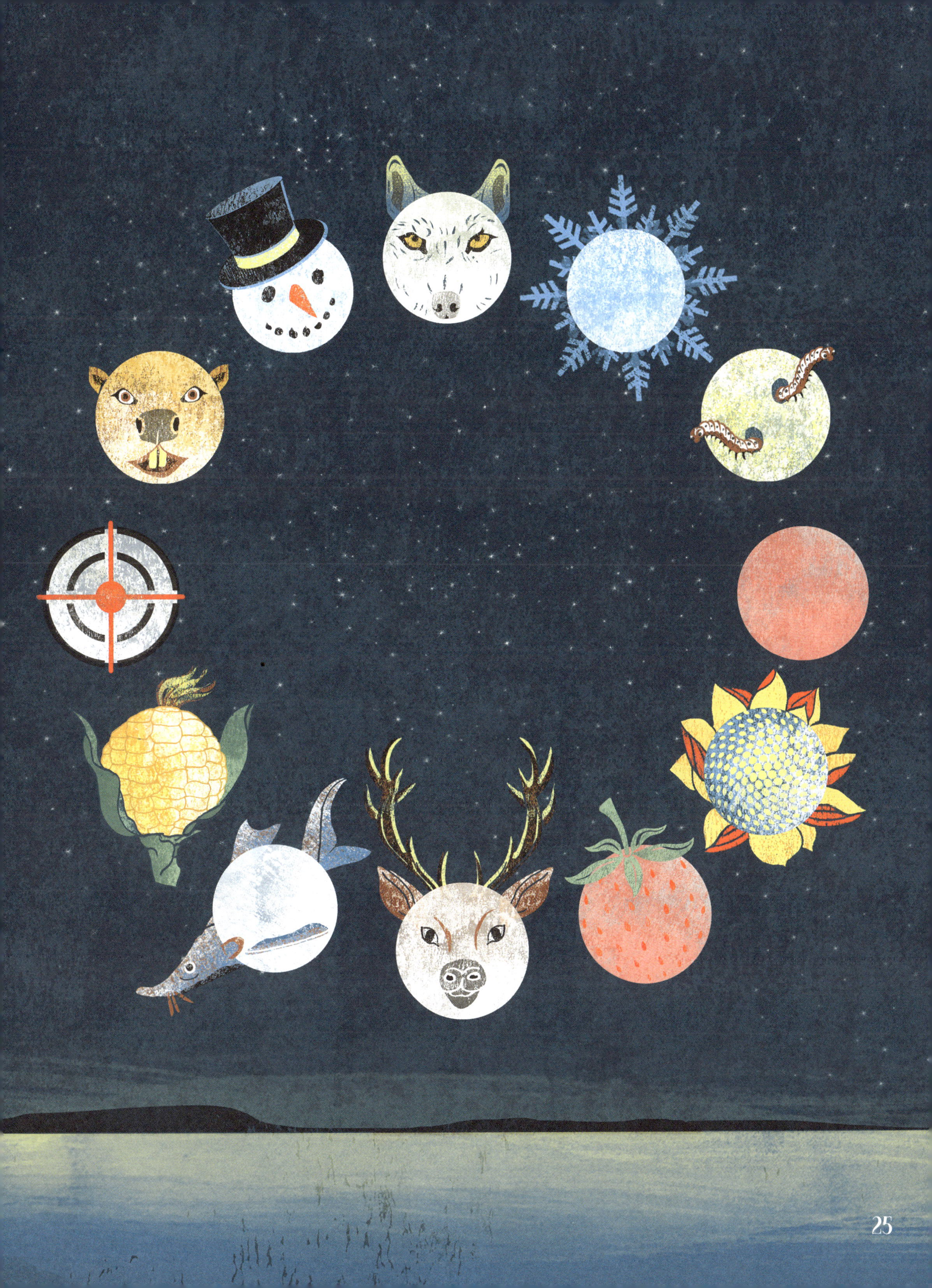

Sonne, Mond und Sterne – und Götter und Planeten

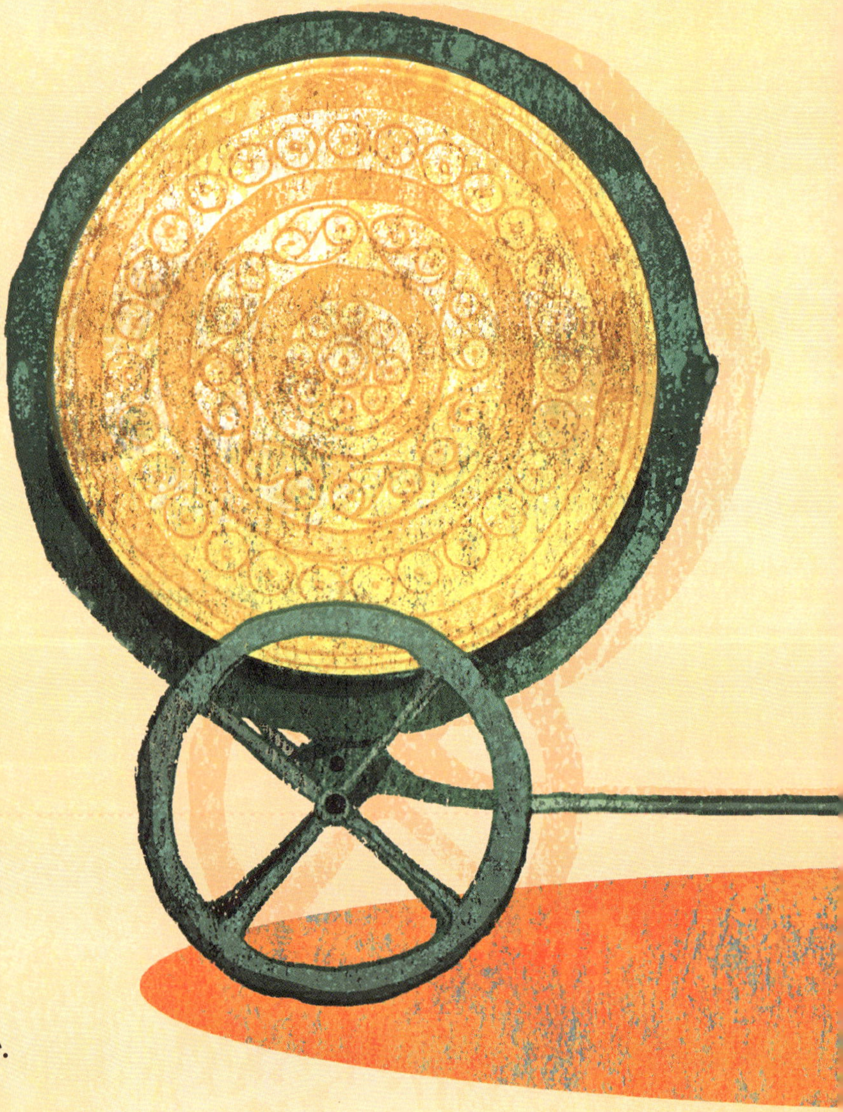

Jahrtausendelang
brauchte man keine Uhren,
Wecker oder Handys.
Man stand einfach auf,
wenn die Sonne aufging.
Und abends war der Tag
zu Ende, wenn die Sonne unter-
ging – auch wenn man sich
vielleicht noch eine Weile bei
Kerzenlicht Geschichten erzählte.

Himmelsgucker

Trotzdem war nicht jeder Tag wie der andere. Auf der ganzen Welt teilten die Menschen die Zeit in Abschnitte ein. Diese Zeitabschnitte gliederten sie dann nochmals in kleinere und wieder kleinere Teile. So entstanden in verschiedenen Kalendern unterschiedlich lange Jahre, Monate und Wochen. Aber alle Kalender – ob der hebräische oder der römische – hatten denselben Zweck. Mit ihnen berechnete man, wann der Frühling begann und endete, um den Ackerbau zu planen. Mindestens genauso wichtig war es zu wissen, wann man wieder feiern durfte. Denn feiern wollten die Menschen schon immer. Und sie wollten sich auf die Feste schon im Vorhinein freuen. Also blickten sie zur Berechnung der Jahreszeiten und Feiertage in den Himmel.

Der Sonnenwagen von Trundholm

Ein Bauer aus Dänemark fand diesen Sonnenwagen aus dem Jahr 1400 vor Christus beim Pflügen seines Ackers. Forscher haben die Zeichen darauf genau untersucht und vermuten, dass der Wagen einen Kalender mit 360 Tagen darstellt.

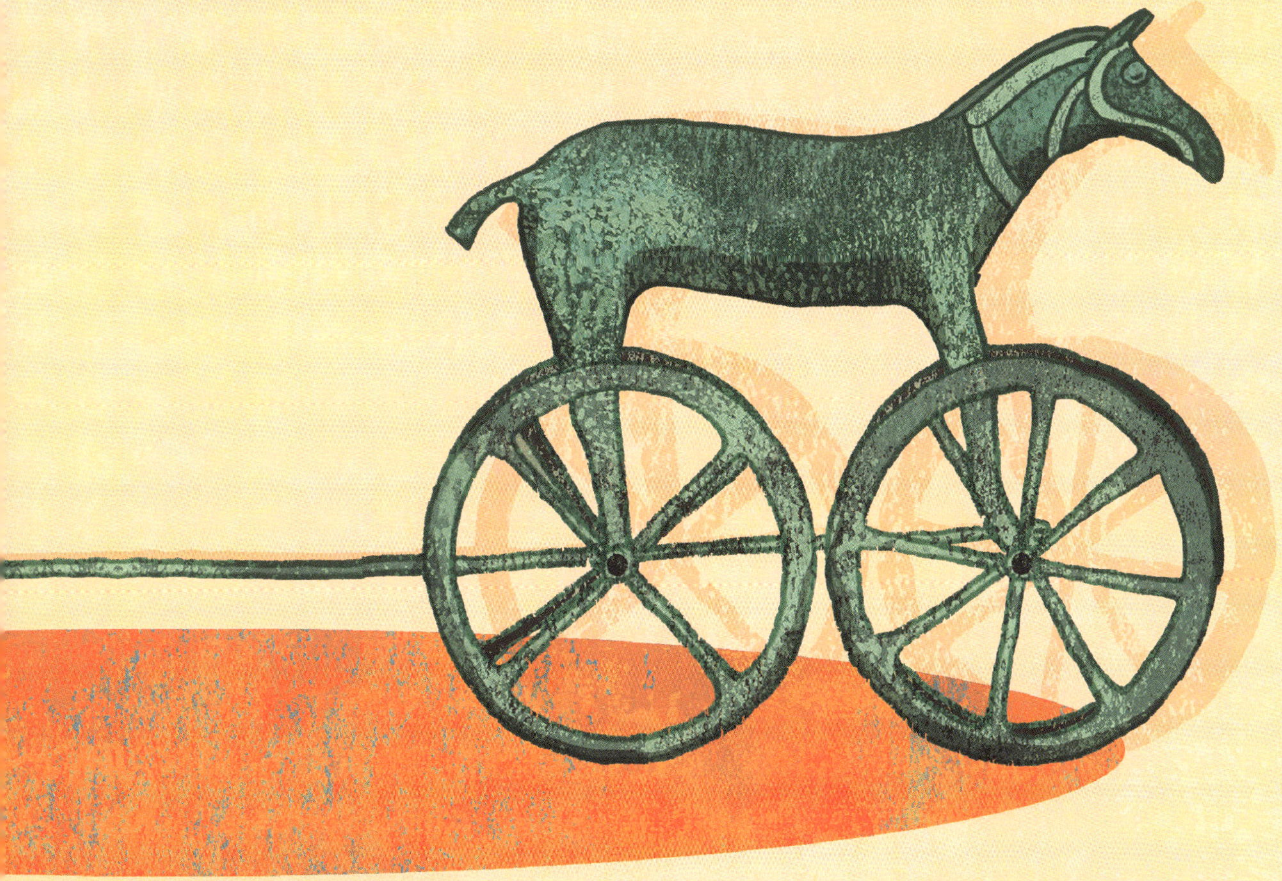

Die vier Jahreszeiten

Oft waren die Feste mit den Jahreszeiten verbunden. Heute wissen wir, dass es Jahreszeiten gibt, weil die Erde um die Sonne kreist. Da die Erde ein wenig schief geneigt ist, ist jeweils ein Teil der Welt der Sonne stärker zugeneigt und ein anderer Teil stärker von ihr abgeneigt. Im der Sonne zugeneigten Teil ist es Sommer, im abgeneigten Teil ist es Winter.
Eine Umdrehung der Erde um die Sonne dauert ein Jahr. Während die Erde wandert, verändert sich ihr Winkel zur Sonne und so wird bald ein anderer Teil stärker angestrahlt. Auf diese Weise wechseln die Jahreszeiten. Das wissen die Menschen allerdings noch nicht lange. Aber schon sehr früh berechneten sie vier besondere Tage im Jahr: Diese Tage waren wichtig für die Landwirtschaft – und Grund zum Feiern.

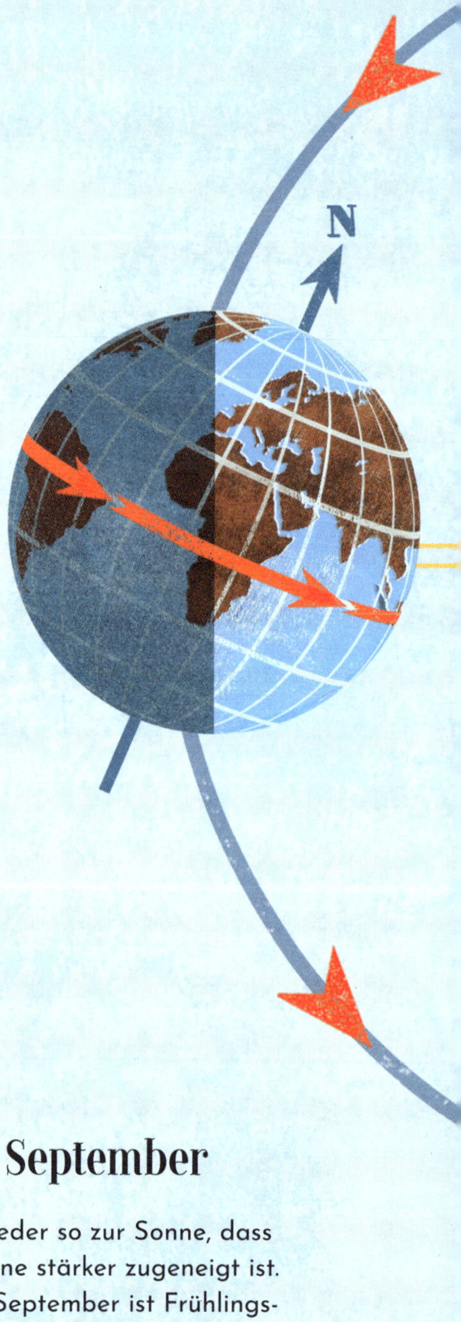

Sommersonnenwende im Juni

Am 20., 21. oder 22. Juni ist Sommersonnenwende. Die Sonne steht senkrecht über dem nördlichen Wendekreis, der oberhalb des Äquators verläuft. Der Tag ist der längste im Jahr auf der Nordhalbkugel: Rund um den Nordpol wird es gar nicht dunkel. An diesem Datum strahlt das Sonnenlicht in England zwischen zwei Jahrtausende alten Felssteinen hindurch auf einen Altar in Stonehenge.

Tagundnachtgleiche im September

An diesem Tag dreht sich die Erde wieder so zur Sonne, dass von nun an die Südhalbkugel der Sonne stärker zugeneigt ist. Das heißt, zwischen dem 20. und 22. September ist Frühlingsanfang auf der südlichen Halbkugel und Herbstbeginn auf der nördlichen Halbkugel. Viele Kulturen im Norden feiern Erntedankfest und danken ihrem jeweiligen Gott für die Gaben des Sommers.

Frühlings-Tagundnachtgleiche

An diesem Tag steht die Sonne so zur Erde, dass beide Halbkugeln im gleichen Winkel zu ihr stehen. Von nun an ist die Nordhalbkugel der Sonne stärker zugeneigt und die Südhalbkugel stärker abgeneigt. Auf der Nordhalbkugel wird es also Frühling. Den Frühlingsanfang feiert man in vielen Kulturen. Im Iran begeht man zum Beispiel am 20. oder 21. März das Frühlingsfest Nouruz, mit dem ein neues Jahr beginnt.

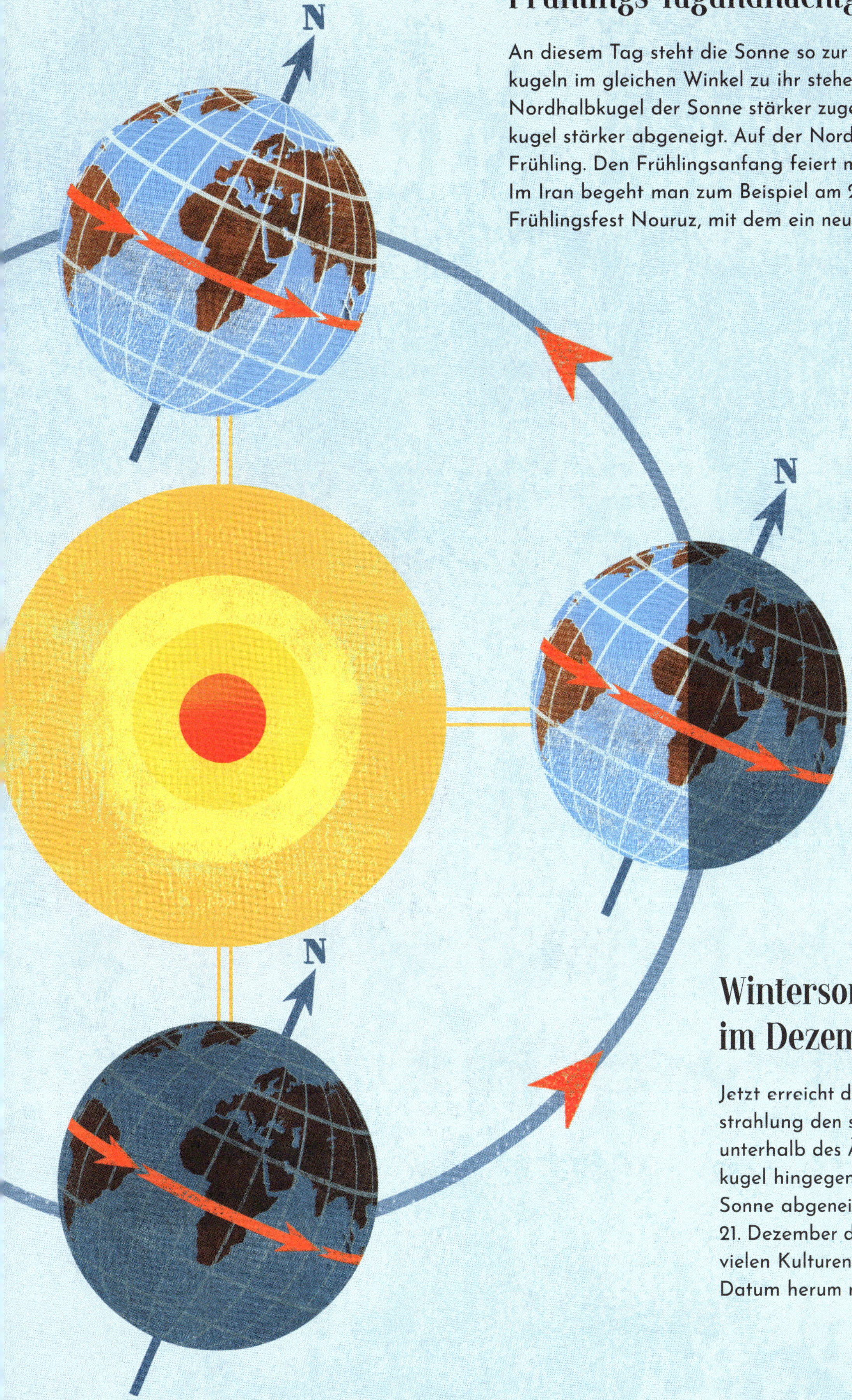

Wintersonnenwende im Dezember

Jetzt erreicht die senkrechte Sonneneinstrahlung den südlichen Wendekreis unterhalb des Äquators. Die Nordhalbkugel hingegen ist am stärksten von der Sonne abgeneigt. Deswegen ist hier am 21. Dezember die Nacht am längsten. In vielen Kulturen werden die Tage um dieses Datum herum mit Lichterfesten gefeiert.

Rechnen mit dem Mond

Klar, die Sonne war immer schon faszinierend. In vielen Kulturen wird sie sogar als ein Gott verehrt. Oder eine Göttin, wie Amaterasu in Japan, die Licht und Sonne verkörpert. Aber die Astronomen hatten auch den Mond im Blick, der in regelmäßigen Abständen ab- und zunimmt. Schon früh errechneten die Menschen, dass die Zeit von einem Neumond bis zum nächsten immer 29,5 Tage beträgt. Einige Kalender, wie der islamische zum Beispiel, orientieren sich an diesen Mondphasen. Unsere heutigen Monate hängen auch mit dem Mond zusammen, obwohl sie auf 30 oder 31 Tage festgesetzt sind und nicht mehr bei Neumond beginnen.

Vier Stücke Mond

Aber auch Monate allein wären noch unpraktisch. Daher machten schon die alten Babylonier, die vor Urzeiten auf dem Gebiet des heutigen Iraks wohnten, kurzen Prozess mit dem Mond. Sie verkürzten seine Laufzeit auf 28 Tage und teilten ihn dann in vier gleich große Stücke – der Beginn der siebentägigen Woche! Um den Mondphasen trotzdem einigermaßen gerecht zu werden, fügten die Babylonier in regelmäßigen Abständen Schalttage zur Woche hinzu.

Die Planetenwoche

Jede Woche ist also ein Viertelstück Mondreise. Die meisten Wochentage sind aber nicht nach dem Mond benannt, sondern nach anderen Planeten. Die Babylonier fingen damit an, den Römern gefiel die Idee, die Germanen machten es nach. Alle übersetzten die alten Planetennamen in ihre Götter, die alle einen Wochentag abkriegten.

Die Namen der Wochentage

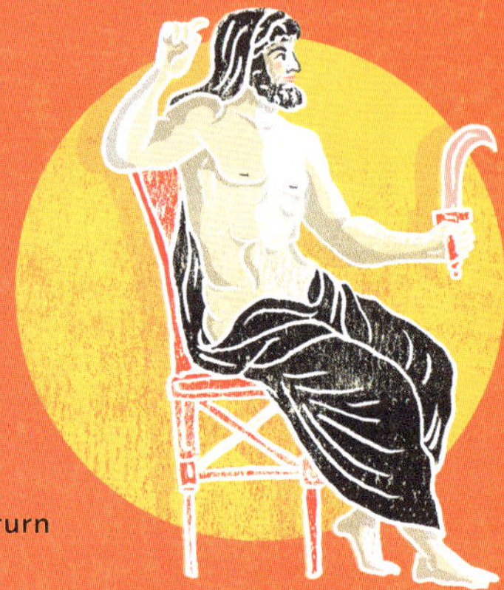

Saturn

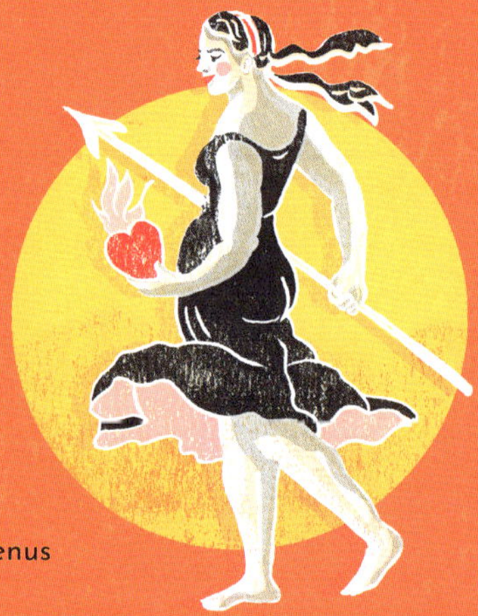

Venus

Freitag

Freitag kommt nicht von frei, sondern von der germanischen Göttin Frija, die wiederum der römischen Venus entspricht, noch heute hörbar im französischen »vendredi«.

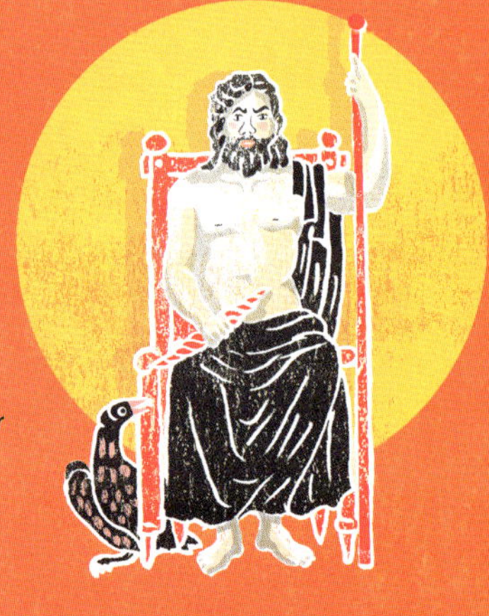

Jupiter

Samstag

Der Samstag ist eine Ausnahme. Er kommt von Sabbat, dem jüdischen Ruhetag, wie man im italienischen »sabato« hört. Die Römer hatten den Samstag dem Saturn gewidmet. Das hört man noch im englischen »saturday«.

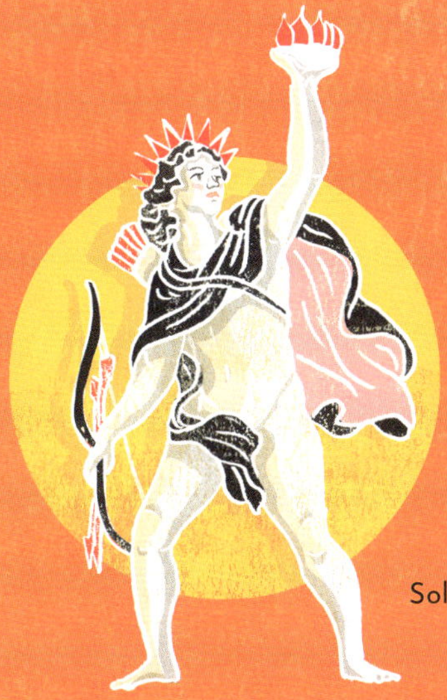

Sol

Sonntag

Der Sonntag ist der Tag der Sonne. Im Römischen, im Deutschen und im englischen »sunday«.

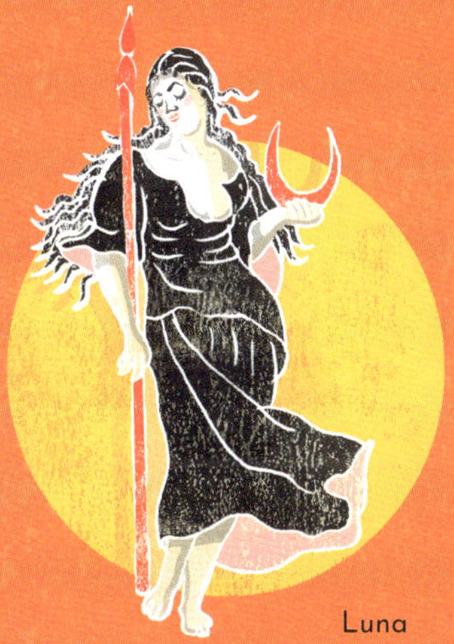

Luna

Montag

Montag kommt tatsächlich von Mond. Lateinisch heißt er »luna«, also nannten die Römer den Montag »lunae«. Das französische »lundi« klingt noch heute so ähnlich. Auch im spanischen »lunes« hört man den römischen Mond noch.

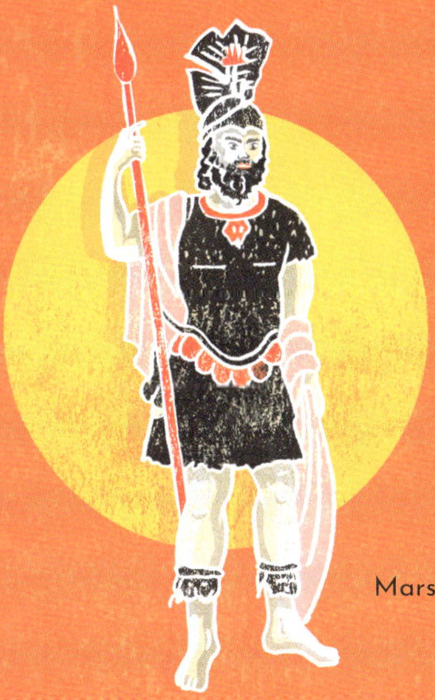

Mars

Dienstag

Der Dienstag ging bei den alten Romern an den Mars. Auch das merkt man noch im französischen »mardi« und im spanischen »martes«.

Donnerstag

Der germanische Gott Thor ist die Entsprechung von Jupiter, nach dem die Römer den Donnerstag benannten. Thor versteckt sich im deutschen Donnerstag und im englischen »thursday«, Jupiter im französischen »jeudi«, im spanischen »jueves« und im italienischen »giovedi«.

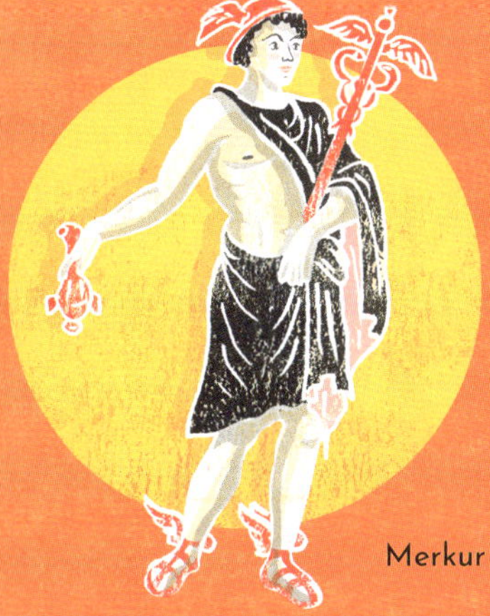

Merkur

Mittwoch

Klar, das ist ganz einfach: Mittwoch, Mitte der Woche, zumal die Woche im Juden- und im Christentum mit dem Sonntag anfing. Bei den Römern gehörte der Mittwoch dem Planeten Merkur.

Drei auf einen Streich!

Die erste Hochkultur, die einen Kalender mit 365 Tagen entwickelte, war das Volk der Maya. Die schlauen Maya waren hervorragend darin, den Himmel und das Universum zu beobachten. Dank ihrer Berechnungen wussten sie genau, wann die beste Zeit für Aussaat und Ernte war. Sie konnten voraussehen, wann es zu einer Sonnen- oder Mondfinsternis kommen würde. Und sie bauten sogar einen Tempel mit einem spektakulären Lichtspiel zur Winter- und Sommersonnenwende, also am kürzesten und längsten Tag des Jahres.

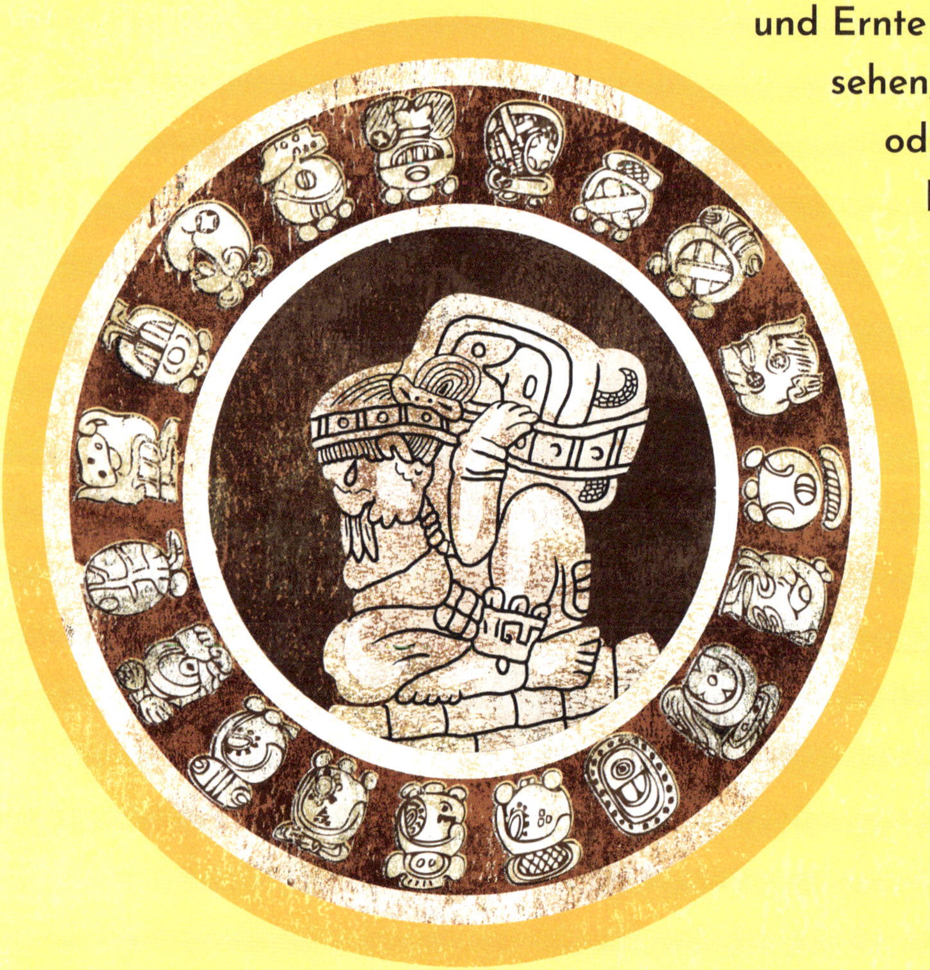

Astronomisches Weltwunder

Die Tempelpyramide Kukulcán, die zwischen dem 9. und 12. Jahrhundert vor Christus erbaut wurde, war so konstruiert, dass genau zweimal im Jahr Licht hineinfiel. Dieses Licht schuf einen langen, schlangenförmigen Schatten an der Nordseite, der die Stufen hinabfloss und im Schlangenkopf am Fuß der Pyramide endete. Das »Schauspiel der gefiederten Schlange« zeigte an: Es war Winter- oder Sommersonnenwende. Der Tempel der Maya gehört zu den sieben neuen Weltwundern.

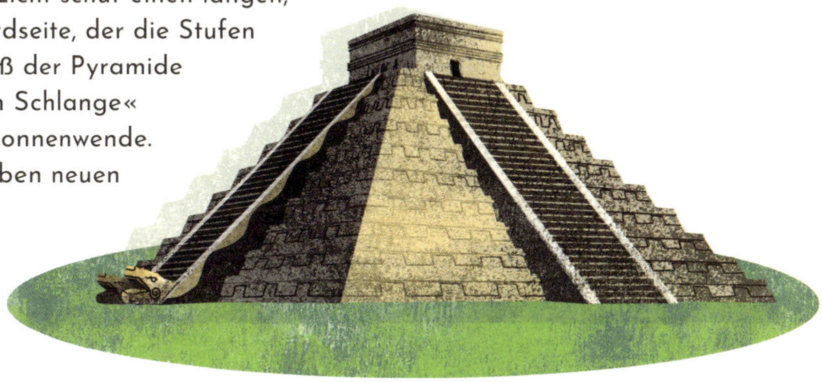

Die Kalender der Maya

Heute scheint es fast unfassbar, dass die Maya als erste Hochkultur sogar drei Kalender entwickelten, mit denen sie rechneten. Aber es gab eben viele Feste zu feiern, Menschen, die ernährt, und Felder, die bestellt werden mussten. Dafür brauchte es Kalender. Alle drei wurden bis ins 16. Jahrhundert benutzt, als die Spanier das Gebiet der Maya eroberten.

Der Kalender Haab

Die Maya rechneten mit einem System, in dem die Zahl 20 sehr wichtig war. So haben ihre »Monate« 20 »Tage«, und es gibt sogar ein »Jahrzwanzigt«. Trotz dieser komplett anderen Rechnung kommen auch die Maya auf ein Jahr mit 365 Tagen – als erste Zivilisation überhaupt.
Der Kalender für Alltag und Ackerbau hieß Haab. Er umfasste, genau wie unser Kalender, 365 Tage. Allerdings teilten die Maya das Jahr etwas anders auf: in 18 Monate mit je 20 Tagen. Am Schluss blieben noch fünf Tage übrig, die man »die namenlosen Tage« nannte. Interessant, oder? Die letzten Tage im Jahr sind bis heute eine Art Überbleibsel. »Zwischen den Jahren« heißt die Woche vor Silvester: Das alte Jahr ist eigentlich schon vorbei, das neue hat aber noch nicht angefangen.

Der Kalender Tzolkin für religiöse Feste

Neben der Arbeit musste man feiern und die Zukunft voraussagen. Also gab es einen zweiten Kalender namens Tzolkin für religiöse Zeremonien und Wahrsagerei. Auch hier spielt die Zahl 20 eine große Rolle, denn Tzolkin hat 20 »Monate«, die je 13 Tage lang sind. Die »Monate« heißen »Vogel« oder »Schilfrohr«, und so feierte man beispielsweise am 13. Vogel oder ließ sich voraussagen, was am 2. Schilfrohr passieren würde.
52 Jahre lang trifft jeweils ein anderer Tag im 260-tägigen Tzolkin-Kalender auf einen Tag im 365-tägigen Haab-Kalender. Nach einer solchen »Kalenderrunde« beginnt die Kombination von vorn.

Die Lange Zählung

Neben Haab und Tzolkin entwickelten die Maya außerdem einen absoluten Kalender für die Geschichtsaufzeichnung. Für diese Lange Zählung legten sie einen Tag eins fest: nach unserer Zeitrechnung war dies der 11. oder 13. August im Jahr 3114 vor Christus.

Der gregorianische Kalender

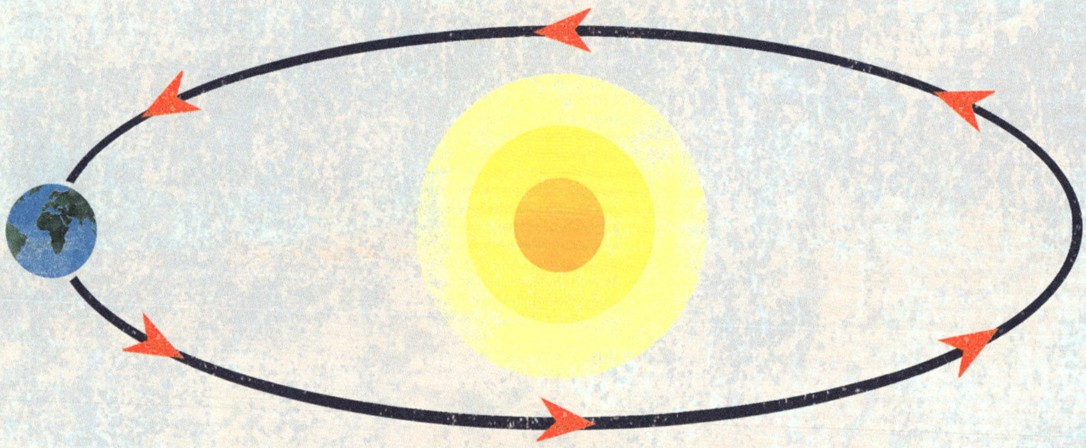

Der Maya-Kalender wird heute noch von manchen Nachfahren in Guatemala und Honduras benutzt. Anderswo auf der Welt gibt es noch verschiedene andere Kalendersysteme, die oft viele Jahrhunderte bis Jahrtausende alt sind. Im Alltagsleben gilt allerdings fast überall der gregorianische Kalender. Was tatsächlich ziemlich praktisch ist. Sonst würde man bei einer Reise in ein anderes Land auch in eine andere Zeit reisen.

Der Kalender des Papstes

Unser heutiger Alltagskalender heißt gregorianischer Kalender, weil er im Jahr 1582 von Papst Gregor XIII. eingeführt wurde, dem Wissenschaft sehr wichtig war. Erfunden hat ihn der Papst allerdings nicht. Errechnet haben den Kalender die Mathematiker Aloisius Lilius (1510–1576) und Christophorus Clavius (1538–1612). Der gregorianische Kalender verbesserte einen Kalender, den die Römer sich vor Hunderten von Jahren ausgedacht und immer wieder überarbeitet hatten.

Der römische Rechenfehler

Der ganz alte römische Kalender hatte ursprünglich zehn Monate und das neue Jahr begann im März.
Im Jahr 173 vor Christus – also vor sehr langer Zeit – entdeckten die Römer, dass der Winter doch länger dauerte und schoben nachträglich zwei Monate vor die bestehenden zehn. Das hatte Auswirkungen auf den Kalender, die wir noch heute sehen können.

Monatsnamen

Eitle Kaiser haben immer wieder versucht, Monate nach sich zu benennen. Julius Cäsar und Kaiser Augustus hatten dauerhaft Erfolg: Die Sommermonate Juli und August gingen an sie. Auch Kaiser Nero benannte den April in Neroneus um, aber das wurde nach seinem Tod schnell rückgängig gemacht. Die falsche Zählung von September bis Dezember aber, die haben die Römer nie geändert. Der Papst auch nicht, und deswegen tragen die Monate September, Oktober, November und Dezember bis heute eigentlich die falschen Namen.

1 Ianuarius

ist benannt nach Janus, dem Zeitgott. Er wurde erst nachträglich hinzugefügt.

2 Februarius

ist benannt nach dem römischen Reinigungsfest Februa und kam ebenfalls erst nach der römischen Reform hinzu.

3 Martius

ist benannt nach Mars, dem römischen Kriegsgott. Ursprünglich begann das römische Jahr mit Martius.

4 Aprilis

bezieht sich vermutlich auf Aphrodite, die römische Schönheitsgöttin.

5 Maius

ist vermutlich benannt nach Maia, der römischen Göttin des Wachstums.

6 Iunius

ist benannt nach Juno, der römischen Göttin der Ehe.

7 Quintilis

ist abgeleitet von Quintus, der fünfte. Nach der Julianischen Kalenderreform wurde Quintilis zu Iulius, nach Julius Cäsar.

8 Sextilis

abgeleitet von Sextus, der sechste. Diesen Monat schnappte sich Kaiser Augustus. Deswegen heißt er heute August.

9 September

heißt auf Lateinisch »der Siebte«, auch wenn er jetzt der neunte Monat im Jahr ist.

10 October

heißt auf Lateinisch der Achte.

11 November

ist der neunte Monat, was natürlich auch nicht mehr stimmt.

12 December

ist der zehnte Monat, auch wenn es jetzt zwölf sind.

Einmal um die Sonne

Der gregorianische Kalender und sein Vorgänger, der Julianische Kalender – selbstverständlich benannt nach Julius Cäsar –, sind Sonnenkalender. Ein Jahr dauert so lang, wie die Erde braucht, um einmal die Sonne zu umrunden. Allerdings stimmt das nur ungefähr. Denn ein Jahr hat im gregorianischen Kalender genau 365 Tage.
Tatsächlich braucht die Erde aber 365 Tage und knappe sechs Stunden für eine Umrundung. Das klingt zwar nicht nach einem großen Unterschied, aber mit den Jahren läppert es sich. Vor allem, was die Jahreszeiten angeht. Wenn man da nichts tut, liegt die Differenz nach 100 Jahren schon bei 24 Tagen und Kalender und Jahreszeiten würden nicht mehr zusammenpassen. Frühlingsanfang wäre dann nach 100 Jahren nicht mehr im März, sondern im April, nach 200 Jahren im Mai und so weiter.

Schaltjahre

Damit der Frühlingsanfang immer auf das gleiche Datum fällt und die Jahreszeiten nicht durchs Jahr wandern, baut man alle vier Jahre einen Tag zum Ausgleich ein: den 29. Februar. Ein Schaltjahr hat also 366 statt 365 Tage. So löste es jedenfalls der Julianische Kalender. Aber das war noch immer zu ungenau: Nach 128 Jahren wich der Kalender um einen Tag vom echten Sonnenjahr ab, nach 256 Jahren um zwei Tage. Da der Kalender dazu gedacht war, Tausende von Jahren zu zählen, brauchte es noch strengere Schaltjahr-Regeln, um die Ungenauigkeit auszugleichen.

Schaltjahr-Regeln

Der gregorianische Kalender hat folgende Regeln für Schaltjahre eingeführt:

1. Schaltjahre müssen durch 4 teilbar sein.
2. Wenn eine Jahreszahl durch 4 teilbar ist, aber auch durch 100, dann ist das Jahr kein Schaltjahr.
3. Wenn eine Jahreszahl durch 4 und durch 100 teilbar ist, aber auch durch 400, dann ist es doch ein Schaltjahr.

Alles kapiert?

2020 ist ein Schaltjahr nach Regel 1. Alles klar. Das Jahr 2100 ist ebenfalls durch 4 teilbar, aber auch durch 100. Deswegen greift Regel 2 und es wird kein Schaltjahr. Das Jahr 2000 war durch 4, durch 100 und durch 400 teilbar, also traf Regel 3 zu: 2000 war ein Schaltjahr.

Nicht ganz einfach, aber wirksam, diese Regeln. Der gregorianische Kalender weicht nur alle 3236 Jahre einen Tag vom astronomischen Sonnenjahr ab. Darüber kann man sich getrost erst in ein paar Tausend Jahren Gedanken machen.

Leaplingskinder: ewig jung

»Leaplings« heißen im Englischen Kinder, die an einem 29. Februar geboren werden, an einem Tag also, den es die nächsten drei Jahre gar nicht gibt. Nur alle vier Jahre Geburtstag haben klingt natürlich doof. Die meisten Leaplingskinder feiern einfach auch in normalen Jahren und dürfen sich aussuchen, ob sie dann am 28. Februar oder am 1. März Geburtstag haben.
Manche machen sich auch einen Spaß draus und wollen mit zwölf nur drei Kerzen auf ihrer Geburtstagstorte haben. Je älter man wird, desto mehr vergrößert sich der Altersunterschied zu den »Normalgeborenen«. Wenn die gleichaltrigen Freundinnen und Freunde schon 72 Jahre alt werden, sind Leaplingskinder gerade mal 18.

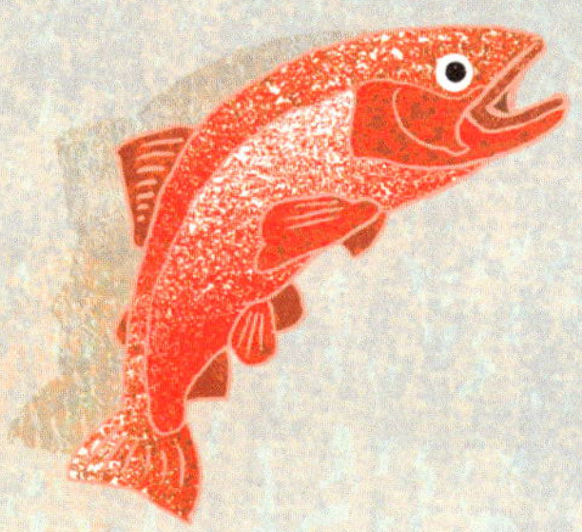

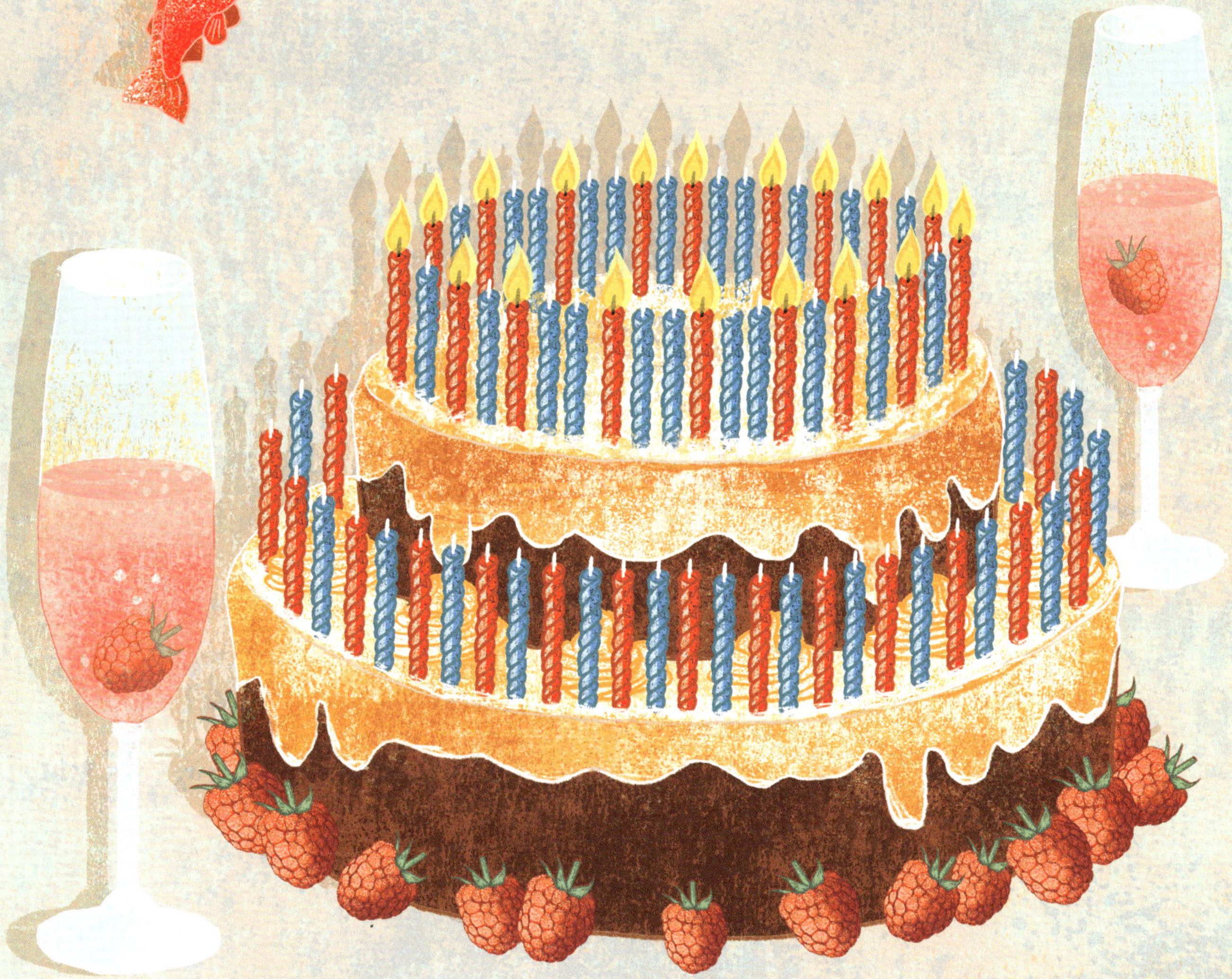

Mondjahre

Völker und Kulturen, die sehr naturverbunden sind, haben schon vor vielen Jahrhunderten eine einfache Methode gefunden, sich im Jahr zu orientieren. Sie zählen zwölf Vollmonde. Bei den Ureinwohnern Nordamerikas, den Algonkin, hat jeder Vollmond einen eigenen Namen und erzählt davon, was gerade los ist im Jahr.

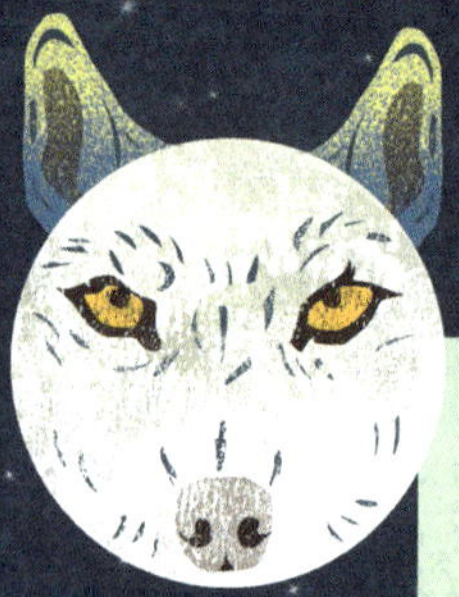

1. Wolfsmond
(Januar)

Weil es so kalt und Nahrung knapp ist, heulen draußen die hungrigen Wölfe.

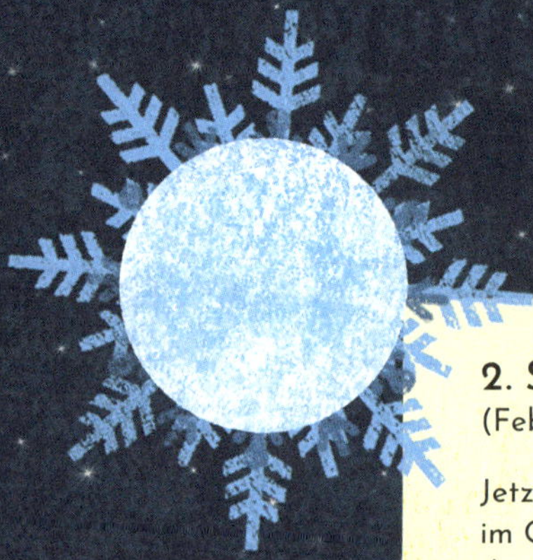

2. Schneemond
(Februar)

Jetzt liegt so viel Schnee im Osten Nordamerikas, dass man kaum jagen kann.

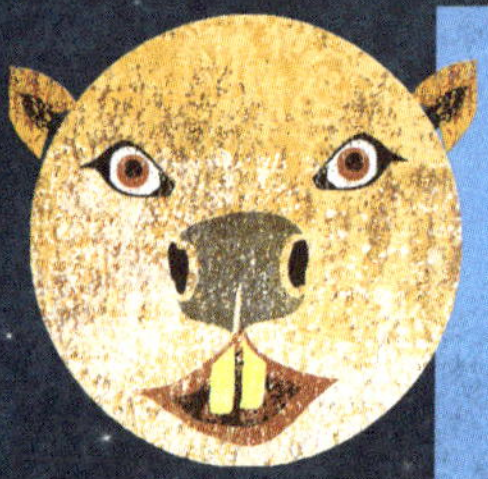

11. Bibermond
(November)

Um diese Jahreszeit stellten die Ureinwohner Biberfallen auf, um Biberfell für den kalten Winter zu haben.

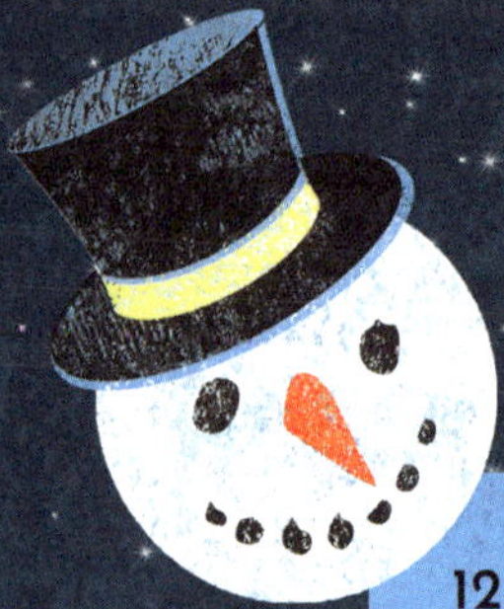

12. Kalter Mond
(Dezember)

Aus Biber wird bibber. Es ist klirrend kalt. Da fällt einem gar nichts anderes mehr ein.

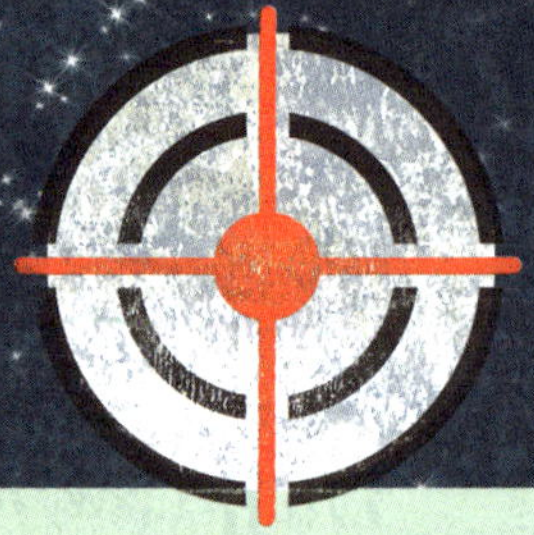

10. Jagdmond oder Erntemond
(Oktober)

Es ist Zeit, Vorräte für die kalte Jahreszeit zu jagen: Jagdmond. Liegt dieser Vollmond näher an der Herbst-Tagundnachtgleiche, bekommt er den Namen Erntemond.

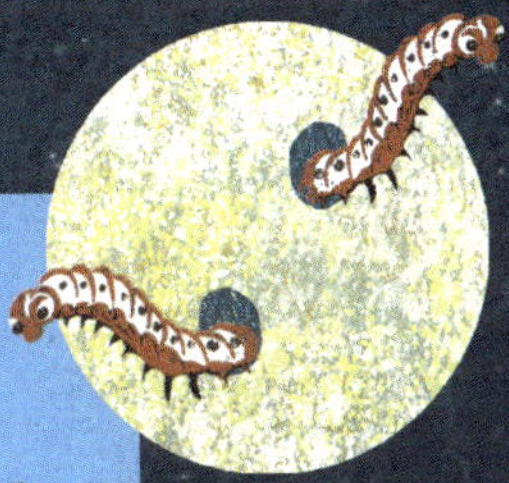

3. Wurmmond
(März)

Der Schnee schmilzt: Die Vögel kommen wieder an die Würmer heran.

4. Rosa Mond
(April)

Der rosa Mond hat seinen Namen von den pinkfarbenen Flammenblumen, die nun blühen.

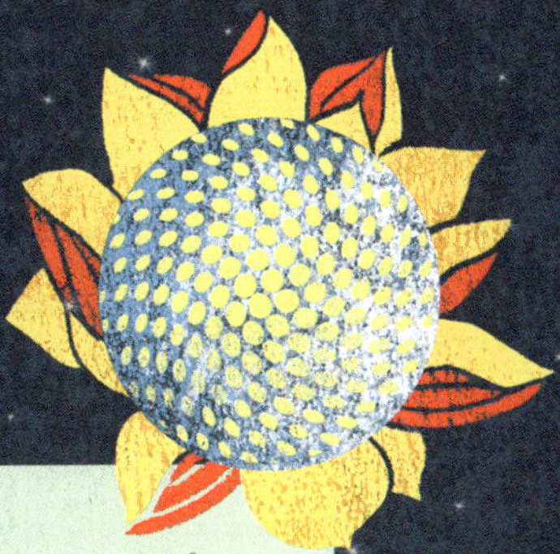

5. Blumenmond
(Mai)

Jetzt blühen plötzlich alle Blumen. Überall.

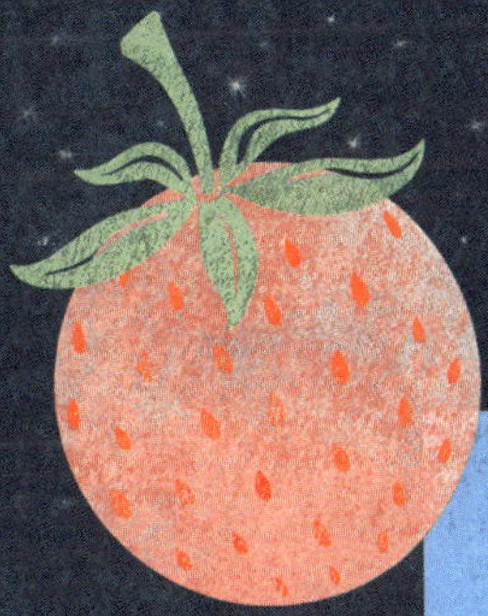

6. Erdbeermond
(Juni)

In der Zeit des Erdbeermonds wachsen leckere Walderdbeeren.

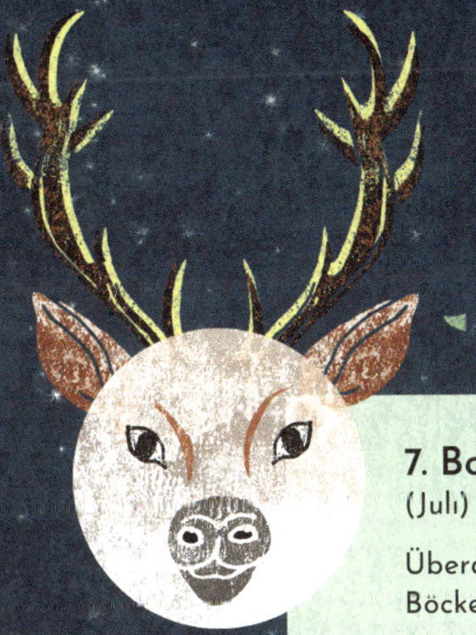

7. Bockmond
(Juli)

Überall Rehe: Und den Böcken wächst jetzt ein neues Geweih.

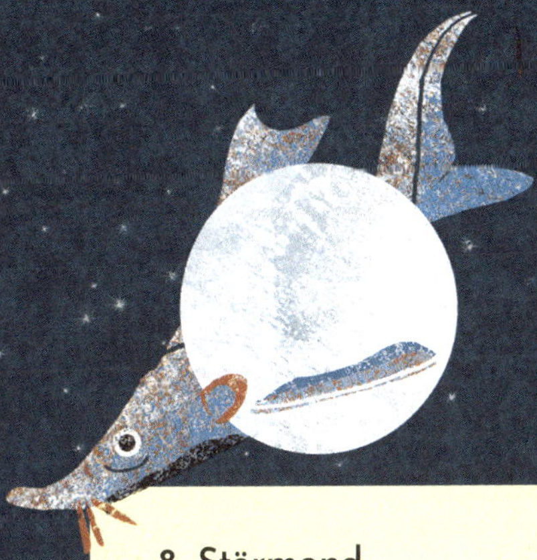

8. Störmond
(August)

Jetzt gibt's echten Stör – den Fisch fängt man in nordamerikanischen Seen.

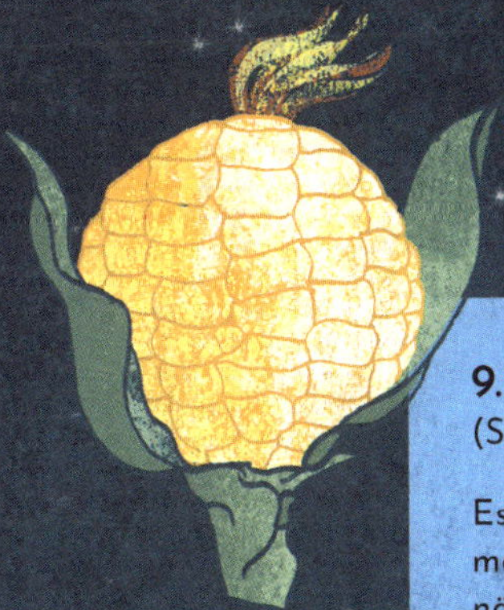

9. Maismond oder Erntemond
(September)

Es ist Zeit, den Mais zu ernten. Maismond also. Liegt dieser Vollmond aber näher an der Herbst-Tagundnachtgleiche, heißt er Erntemond.

Das Jahr im Judentum

Auch in den beiden großen Weltreligionen Judentum und Islam spielt der Mond für die Kalender-Berechnungen eine große Rolle. Im hebräischen und im islamischen Kalender ist die Zeitspanne von einem Neumond bis zum nächsten die Grundlage der Berechnung des Jahres.

Mal ein bisschen weniger …

Der hebräische Kalender, der von Astronomen jüdischen Glaubens berechnet wurde, ist lunisolar. Das heißt, er orientiert sich sowohl am Mond (luni) als auch an der Sonne (solar). Keine einfache Sache. Aber lösbar mit ein bisschen Mathematik. Also: Jede Mondphase ist 29,5 Tage lang. Das mit dem halben Tag löst der hebräische Kalender so, dass die Monate abwechselnd 29 und 30 Tage lang sind. Das ergibt im Durchschnitt genau 29,5 Tage. So weit, so klar. Das Problem ist nur, dass bei 12 Monaten mit 29,5 Tagen ein Jahr mit nur 354 Tagen herauskommt. Ein solches »Normaljahr« im hebräischen Kalender ist also fast einen halben Monat kürzer als das Sonnenjahr mit 365 Tagen. Was tun?

… und mal ein bisschen mehr …

Würde man nichts tun, würde man jedes Jahr elf Tage nach hinten rutschen. Das sollte aber nicht passieren. Denn viele Feiertage wollte man immer in einer bestimmten Jahreszeit feiern. Der rettende Gedanke: Vielleicht muss ein Jahr gar nicht immer nur zwölf Monate haben? Wenn man alle zwei oder drei Jahre einen 13. Monat einfügt, gleicht sich aus, dass die anderen Jahre etwas kürzer sind. Also gibt es alle paar Jahre einen ganzen Schaltmonat zusätzlich, nicht nur einen Tag wie im gregorianischen Kalender. Der letzte Monat des Jahres wird einfach verdoppelt. Mit diesen Schaltmonaten gelingt es dem hebräischen Kalender, sich sowohl nach dem Mond als auch nach der Sonne auszurichten. Und die Feste fallen immer in die gleiche Jahreszeit!

… ist genau richtig!

Zum Beispiel Pessach, eines der wichtigsten jüdischen Feste. Das Frühlingsfest feiert den Auszug aus Ägypten und das Ende der Sklaverei. Pessach beginnt immer am selben Tag. Am 15. Nissan. Und wann genau ist der 15. Nissan? Also an welchem Tag im gregorianischen Kalender? Mal im März, mal im April – das ist jedes Jahr etwas anders, da die beiden Kalender natürlich nicht miteinander übereinstimmen.

Dem gregorianischen Kalender weit voraus

Das Jahr 2020 ist im hebräischen Kalender natürlich auch nicht das Jahr 2020. Denn der gregorianische Kalender zählt die Jahre nach der Geburt Christi. Der hebräische Kalender zählt die Jahre nach einem biblisch berechneten Schöpfungstag der Erde. Das Jahr 2020 ist im hebräischen Kalender das Jahr 5780. In Israel, wo viele Menschen jüdischen Glaubens leben, wird heute im Alltag der gregorianische Kalender benutzt. Aber für die Bestimmung der Feiertage ist der hebräische Kalender heute noch wichtig.

lu'ah | Der hebräische Kalender

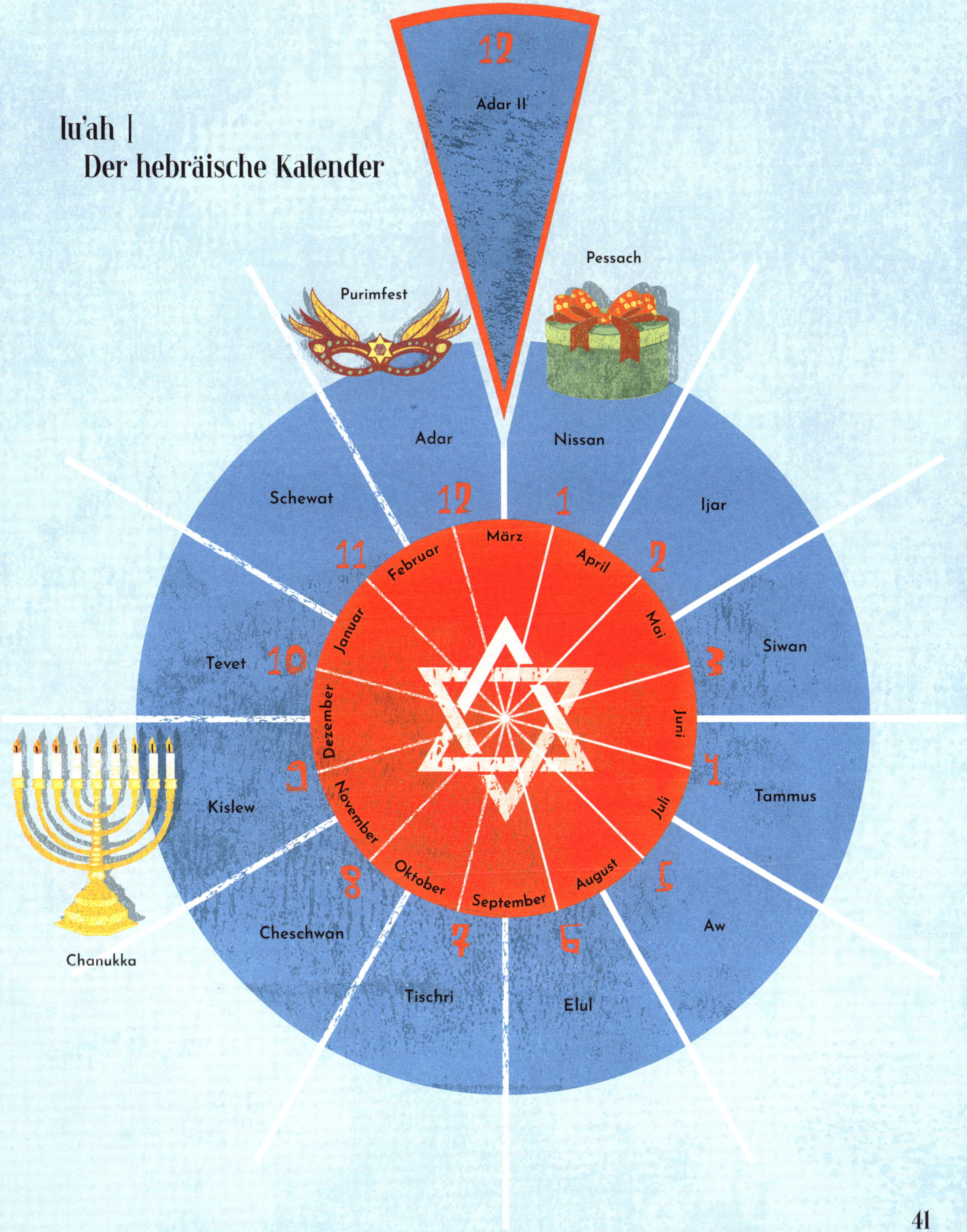

Das Jahr im Islam

Der Mond ist bis heute ein wichtiges Symbol in Ländern, in denen der Islam eine große Rolle spielt. Zum Beispiel heißt in der Türkei und in vielen arabischen Ländern die Internationale Hilfsorganisation Roter Halbmond, nicht Rotes Kreuz. Und auch auf vielen Fahnen entdeckt man die Mondsichel.

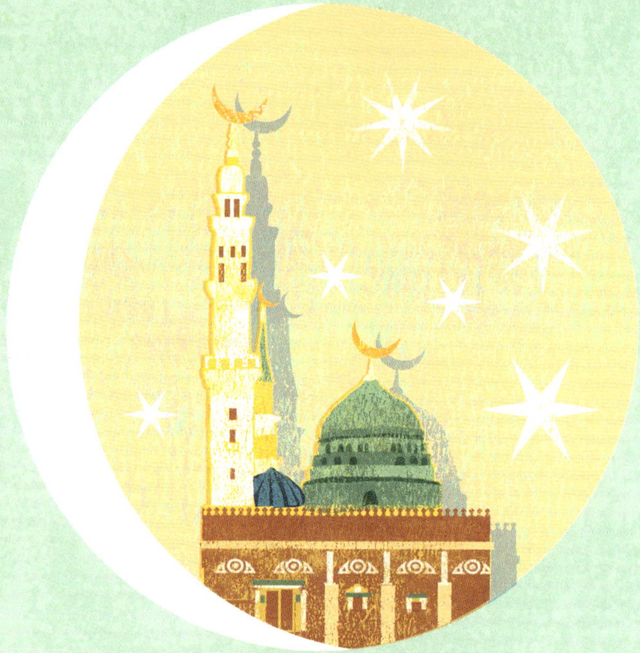

Alles beginnt in Medina

Im Jahr 622 nach Christus floh Mohammed vor seinen Verfolgern von Mekka nach Medina. Mohammed ist die wichtigste Person im Islam, und seine Flucht nach Medina ist der Anfang der Zeitrechnung im islamischen Kalender. Daher befinden wir uns jetzt nach dem islamischen Kalender auch nicht im 21., sondern im 15. Jahrhundert.

622 n. Chr. = 0
2020 n. Chr. = 1441/1442

Kurze Jahre

Genau wie der hebräische orientiert sich der islamische Kalender am Mond. Ausschließlich. Die Sonne spielt hier keine Rolle. Klassischerweise wartet man jeden Monat darauf, dass ein Gelehrter die dünne neue Sichel am Himmel entdeckt. Erst dann beginnt der neue Monat. Je nach Wetter passiert das nach 29, manchmal auch erst nach 30 Tagen.
Das Jahr im islamischen Kalender ist also tatsächlich ein echtes Mondjahr und elf Tage kürzer als das Jahr im gregorianischen Kalender. Auch wenn der gregorianische Kalender einen »Vorsprung« hat, holt ihn der islamische Kalender irgendwann ein. Und zwar im Jahr 20874. Danach lässt er ihn sogar hinter sich.

Feiermonate

Manche Monate haben im Islam eine besondere Bedeutung. Zum Beispiel der Ramadán, der neunte Monat des Kalenders. Den ganzen Monat lang fasten jugendliche und erwachsene Muslime tagsüber, denken an die Armen und besinnen sich auf das Wesentliche im Leben. Weil das islamische Jahr aber im Vergleich zum gregorianischen Jahr so kurz ist, findet Ramadán nicht wie Ostern oder Pessach immer zu einer bestimmten Jahreszeit statt. Der Fastenmonat wandert rückwärts durchs Jahr. 2015 begann er im Juni, 2020 beginnt er im April und 2030 schon Anfang Januar.

Von Schwipp-schwagern und Stiefomas

Religiöse Feiertage waren früher sehr wichtig. Ihretwegen wurden komplizierte Kalender erfunden. Sie ordneten das Leben der Menschen. Man musste nicht in die Schule, sondern in den Gottesdienst gehen und feierte mit der Familie oder auch mit dem ganzen Dorf. Ein Tag schulfrei wegen eines Feiertags finden wir heute natürlich gut, aber unser Leben ist nicht mehr von Religion bestimmt. Der Onkel und sein Freund leben weit weg in der Großstadt, die Cousine hat vielleicht eine andere Religion, und Papa und seine Schwester können nicht so gut miteinander. Vielleicht glauben wir auch an gar keinen Gott, Mama muss trotz Feiertag arbeiten, und der Bruder will einfach nur seine Ruhe haben.

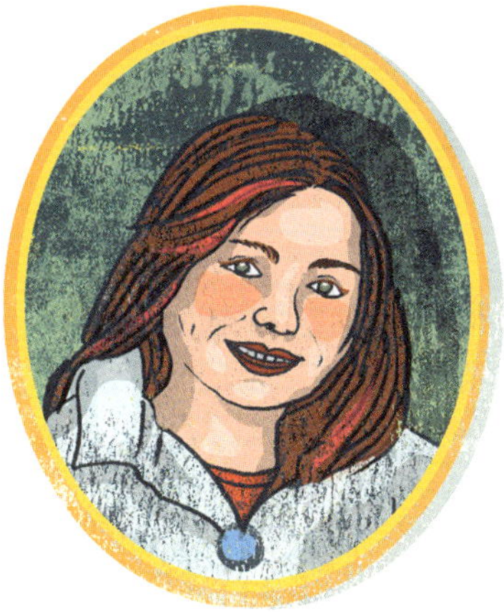

Lebenskalender

Das heißt aber nicht, dass unser Leben keine Ordnung hätte. Wir feiern gemeinsam Feste verschiedener Religionen. In manchen Schulen verkleiden sich Schülerinnen und Schüler neben Fasching auch zu Halloween, zum mexikanischen Totentag Día de los Muertos und zum jüdischen Purimfest. Und wir feiern natürlich Feste, die gar nichts mit Religion zu tun haben: Geburtstage oder Jahrestage, die uns persönlich wichtig sind. Familienkalender, Tagebücher, Fotoalben und Freundebücher sind unsere Lebenskalender und erinnern uns an wichtige Tage.

Generation XYZ

Heute misst man das Leben in einer Gesellschaft in Generationen. Wer mit jemanden in die gleiche Klasse geht, gehört definitiv zur selben Generation. Auch die, die ein paar Jahre jünger oder ein paar Jahre älter sind. Eltern hingegen sind eine andere Generation und Großeltern nochmal eine andere. Menschen einer Generation wachsen oft mit ähnlichen Frisuren auf und hören Musik, die die nächste Generation erst einmal uncool findet. Sie erleben gemeinsam politische Ereignisse und müssen sich mit ähnlichen gesellschaftlichen Fragen auseinandersetzen. Meistens leben drei bis vier Generationen einer Familie gleichzeitig. Der Weltrekord liegt bei sieben: 1989 wurde eine 109-jährige Dame Ururururgroßmutter.

Meryems Familienstammbaum

Bärbel

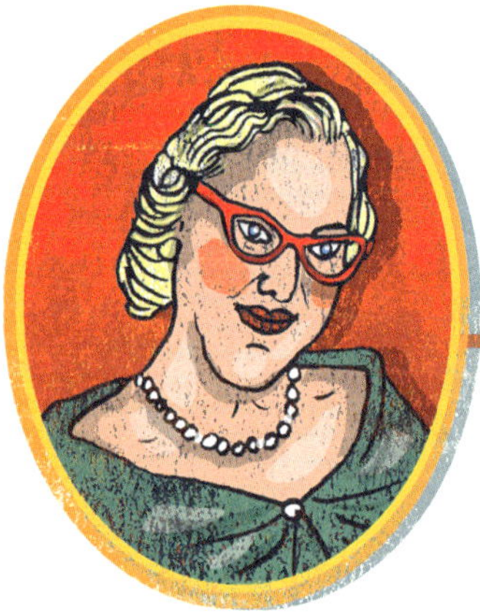

Oma Bärbel ist eigentlich gar nicht meine Oma, sondern die Mutter von Thomas, dem Ex-Mann von meiner Mama. Aber Stiefoma klingt irgendwie fies. Und sie ist total lieb.

Willy-Gerd

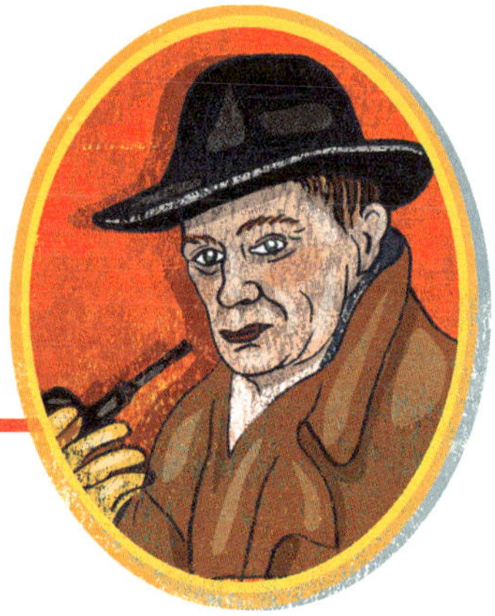

Mein Stief-Opa, oder „Opa WG", wie ich ihn nenne, ist schon ganz schön alt. Er ist sogar schon Uropa, nämlich von Olivia. Darauf ist er sehr stolz.

Hannelore

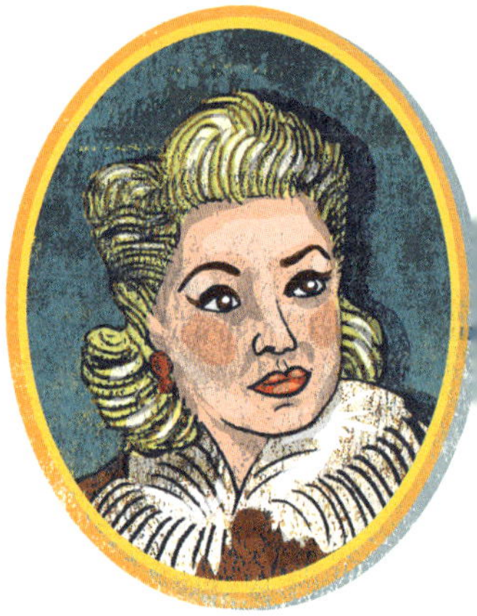

Hannelore ist die Mutter von meiner Mutter. Sie und Mama haben immer ein bisschen Stress. Aber ich hab sie lieb. Beide.

Thomas

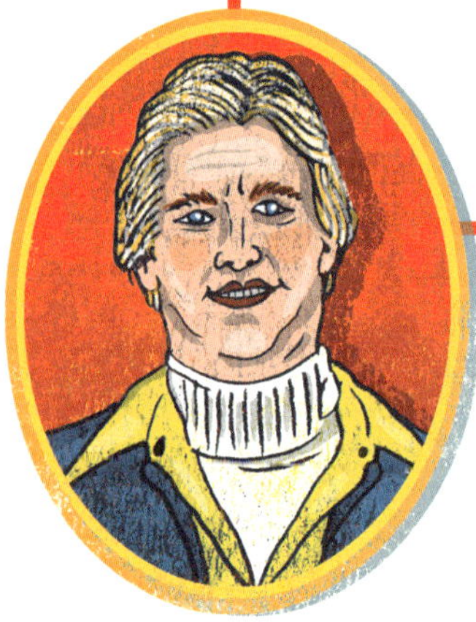

Der Ex-Mann von meiner Mutter und der Vater von meinem Bruder. Und der Großvater von Olivia. Und von mir? Keine Ahnung. Ich sage einfach Thomas zu ihm.

David

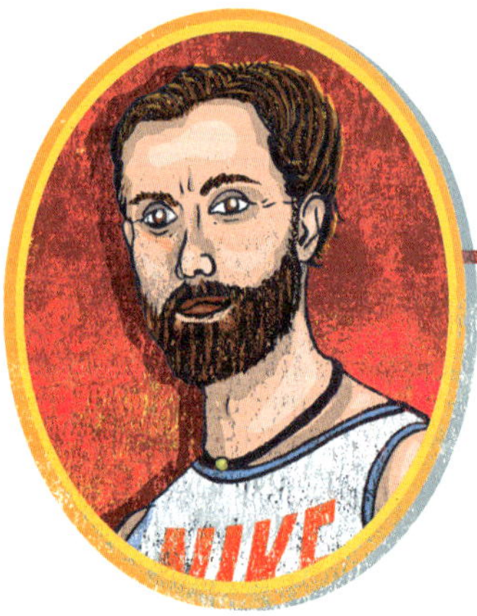

Mein Lieblingsonkel. Auch wenn Opa sagt, er ist nicht wirklich mein Onkel, sondern mein Schwippschwager, weil er »nur« der angeheiratete Mann von meinem Bruder ist. Für mich ist er trotzdem mein Onkel.

Olivia

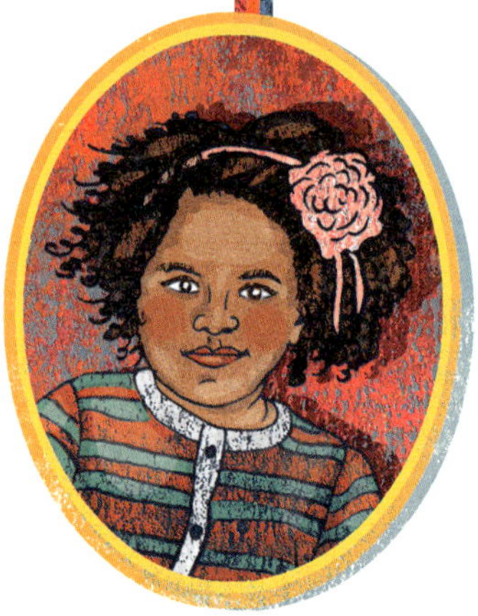

Meine kleine Nichte. Ich liebe sie. Und ich bin ihre Tante. Wahnsinn, oder? Dabei bin ich erst 11.

Jakob

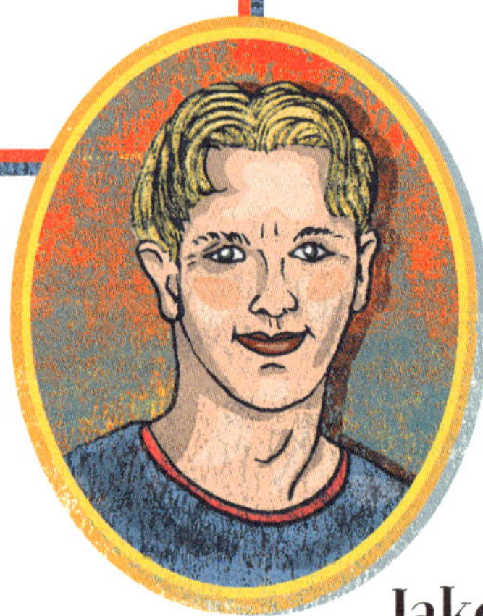

Mein »Halbbruder«. Aber das sage ich nur, wenn ich sauer auf ihn bin. Was nur selten vorkommt, weil wir nicht mehr zusammen wohnen. Leider. Jakob ist viel älter als ich und wir haben dieselbe Mutter, aber nicht denselben Vater. Dafür ist Jakob selbst schon Vater. Das finde ich cool!

Opa Klaus-Peter ist der Vater von meiner Mutter und der Opa von Jakob und mir. Er redet nicht viel, aber mit meinem Baba spielt er immer Karten.

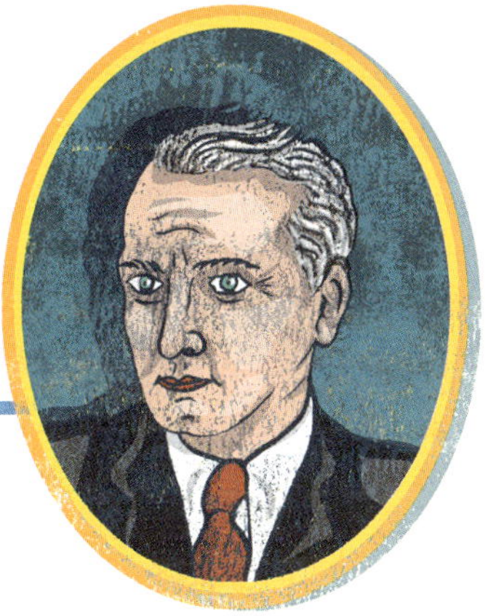

Klaus-Peter

Dilek

Oma Dilek hat früher ganz viel auf mich aufgepasst, als ich klein war. Mit ihr spreche ich immer türkisch. Das macht sie glücklich.

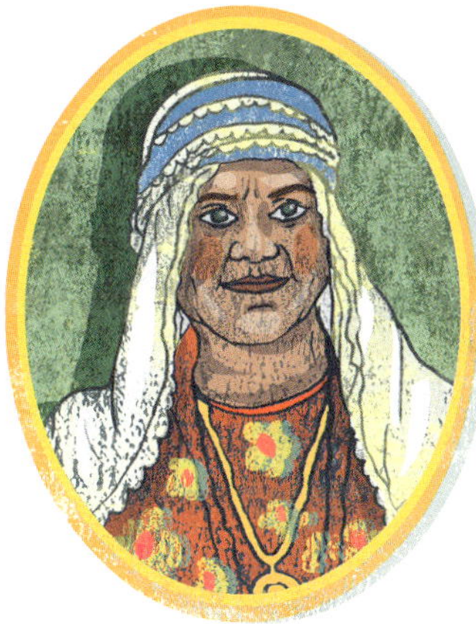

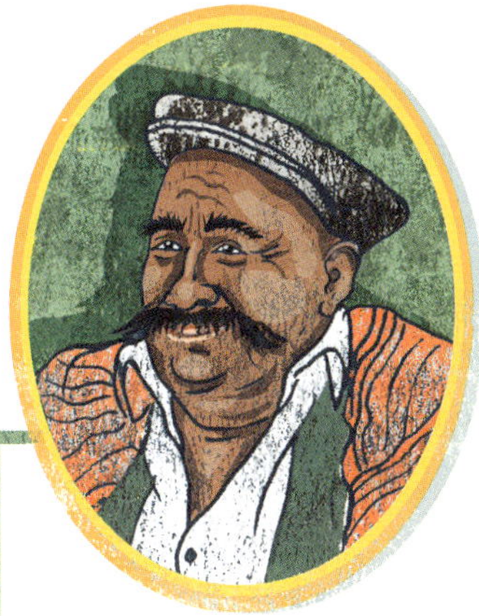

Ali

Opa Ali lacht immer ganz viel. Er ist der liebste Opa der Welt.

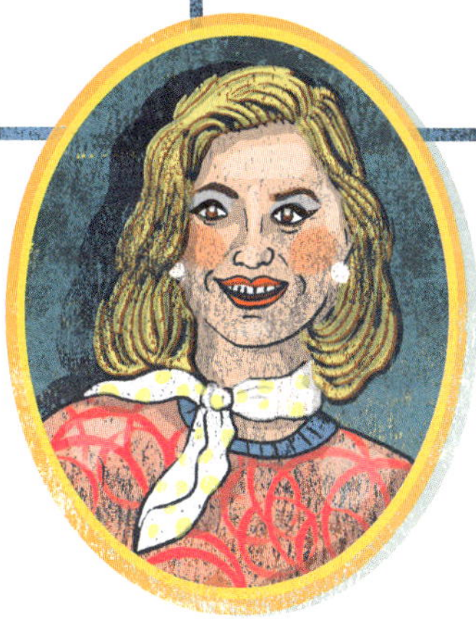

Annike

Meine Mama. Früher war sie mal verheiratet, mit dem Vater von meinem Bruder. Aber jetzt ist sie mit meinem Vater zusammen. Glücklicherweise. Sonst gäbe es mich ja gar nicht.

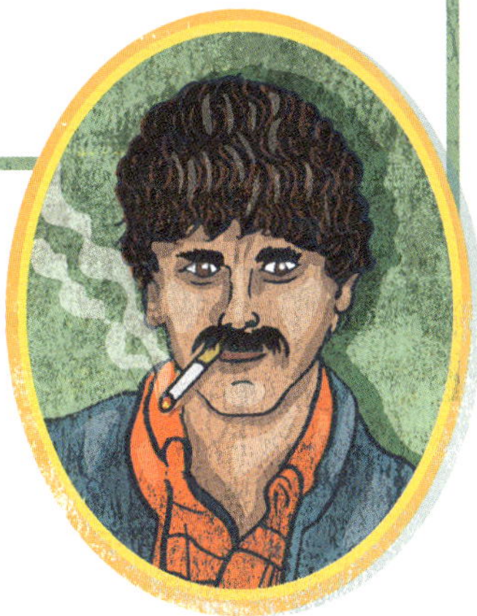

Birol

Mein Vater. Aber ich nenne ihn nur meinen Baba. Baba klingt viel schöner. Das ist das türkische Wort für Vater. Mein Vater spricht türkisch mit mir, aber ich spreche mit ihm deutsch.

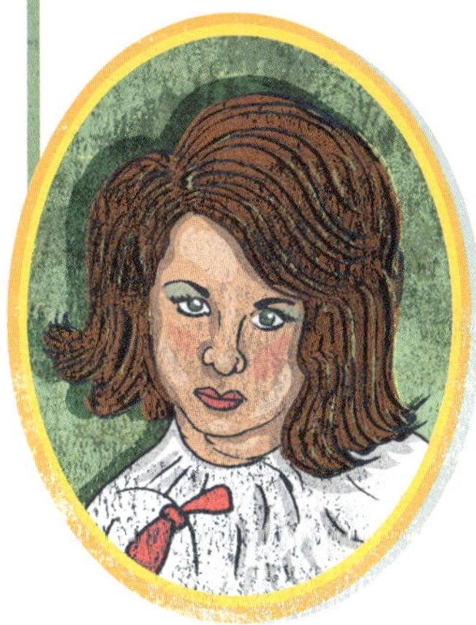

Neslihan

Neslihan ist meine Tante, also die Schwester von meinem Vater. Baba und sie streiten manchmal, aber ich mag Tante Neslihan sehr. Am besten ist es, wenn ich alleine bei ihr sein darf.

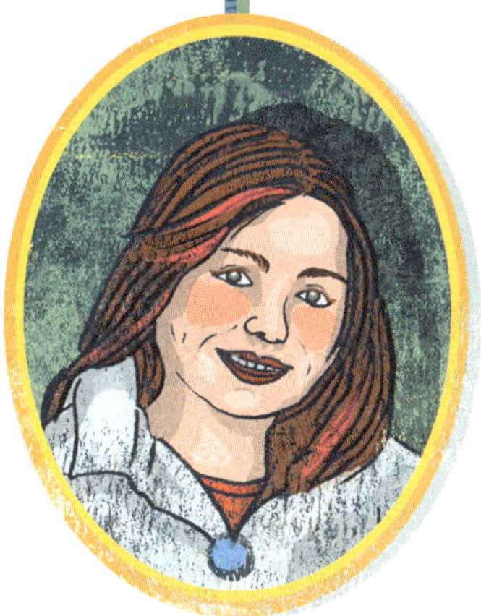

→ Meryem

Hallo, ich bin Meryem und das hier ist meine Familie. Ich habe sechs Omas und Opas. Manche in meiner Klasse sagen, das geht gar nicht, aber bei uns geht das eben doch. Und es ist sehr praktisch, was Geschenke betrifft.

Einmal durch den Tag

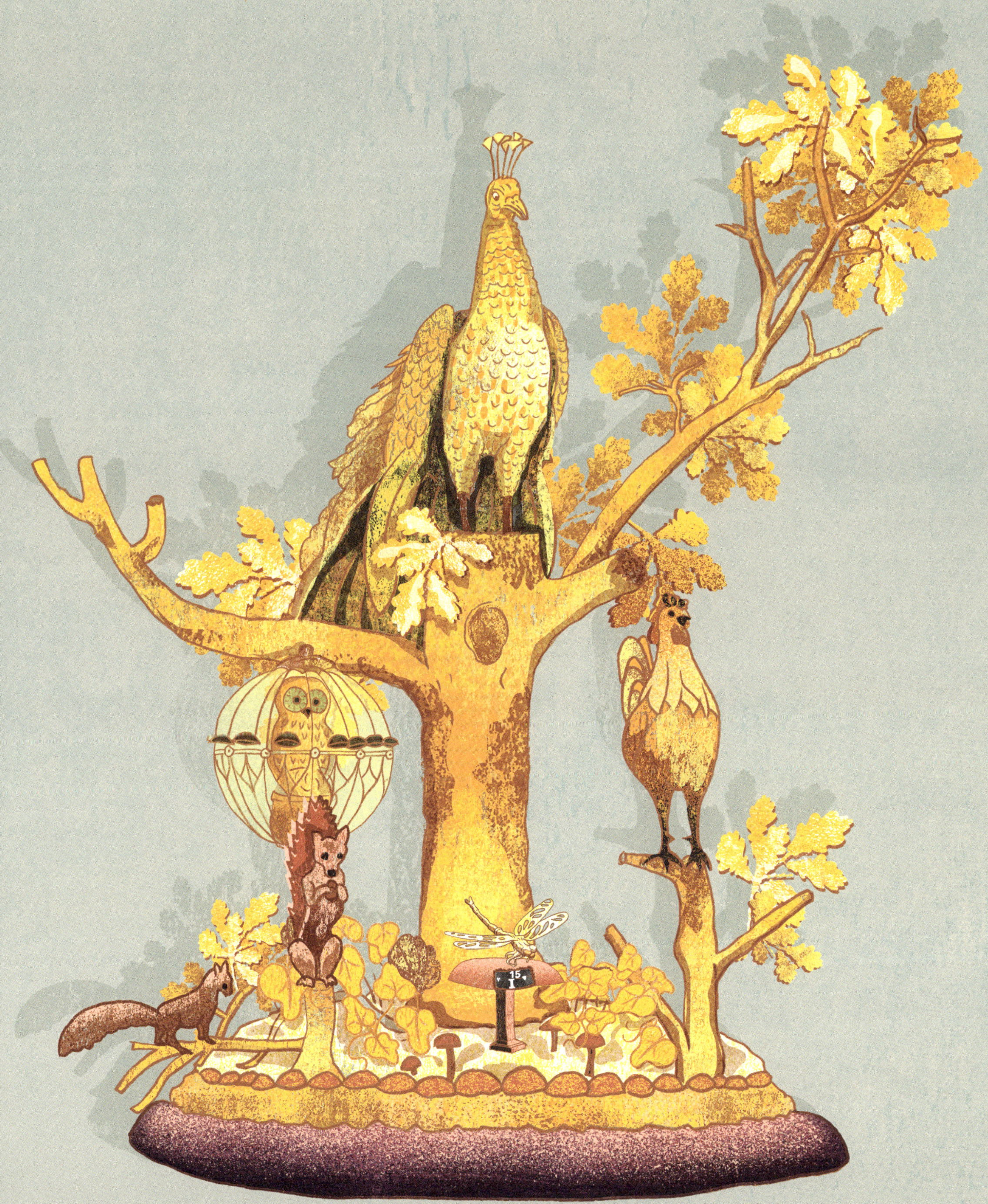

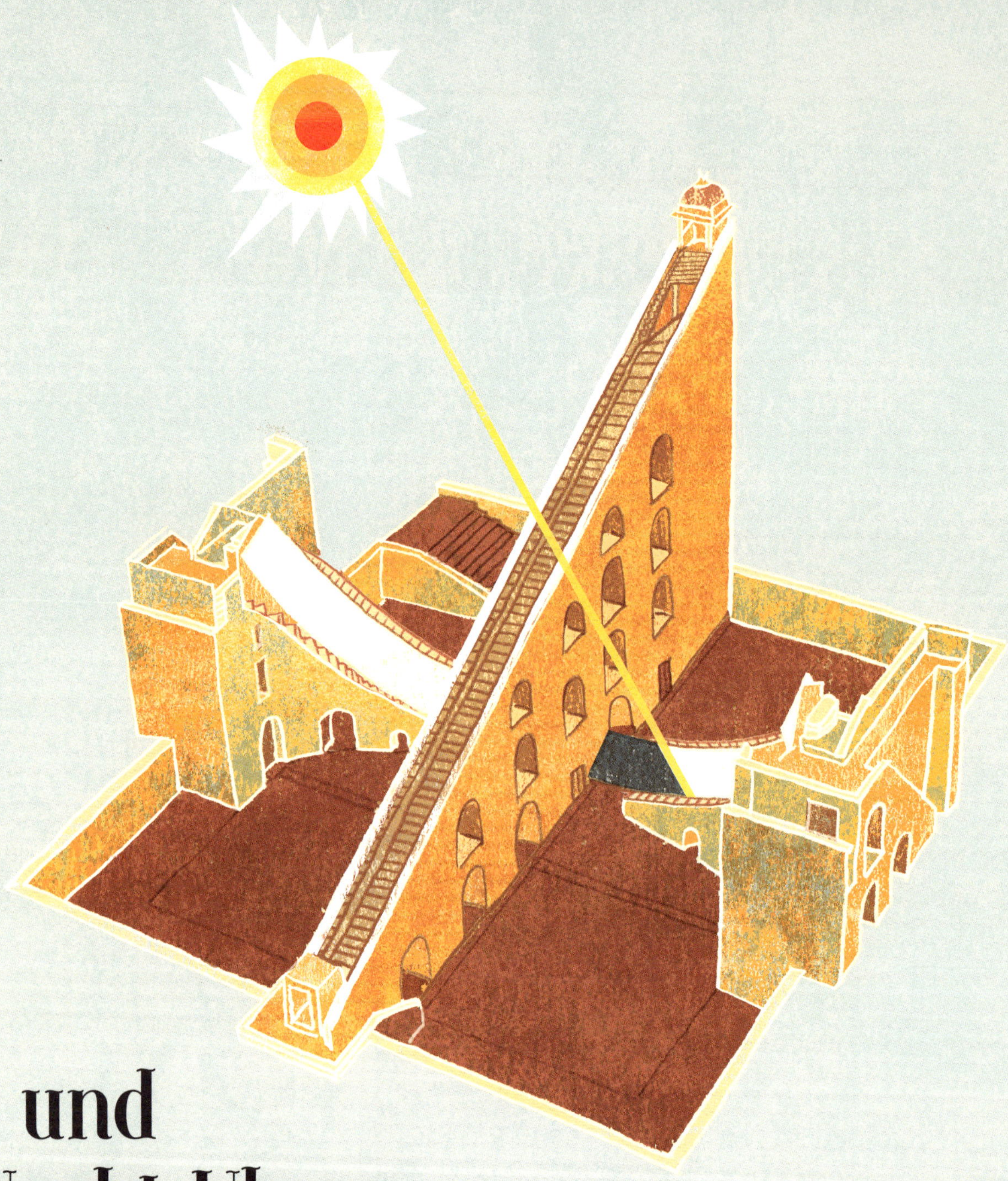

Tag- und Nacht-Uhren

Handyalarm, wenn das Essen fertig ist und man nach Hause kommen soll? Das hätten die alten Griechen bestimmt komisch gefunden. Aber auch sie wussten, ob sie noch draußen bleiben durften, oder ob es Zeit war zu gehen. Wie sie das rausgekriegt haben? Im Zweifel durch einen Blick auf den eigenen Schatten. Falls gerade keine Sonnenuhr in der Nähe war.

Sei dein eigener Gnomon!

Was soll denn bitte ein Gnomon sein? Vielleicht ein griechischer Zwerggott? Nein, das Wort bedeutet »Schattenzeiger«, und es handelt sich einfach um einen langen, aufrecht stehenden Stab. Wenn die Sonne auf ihn trifft, wirft sie einen Schatten. An seiner Länge kann man ablesen, wie spät es ist. Von morgens bis mittags wird der Schatten kürzer, von mittags bis abends länger. Wenn man gerade keinen langen Stab zur Hand hat, kann man auch sich selbst nehmen. Wirklich. Haben die alten Griechen auch gemacht. Sie maßen den Schatten in Fuß, immer eng einen Fuß vor den anderen setzend. Kann man im Hochsommer ja mal ausprobieren. Treffen um 6 Fuß? Kann sein, dass man nicht ganz pünktlich ist, aber an sich sollte das klappen. Allerdings nur, wenn es nicht regnet.

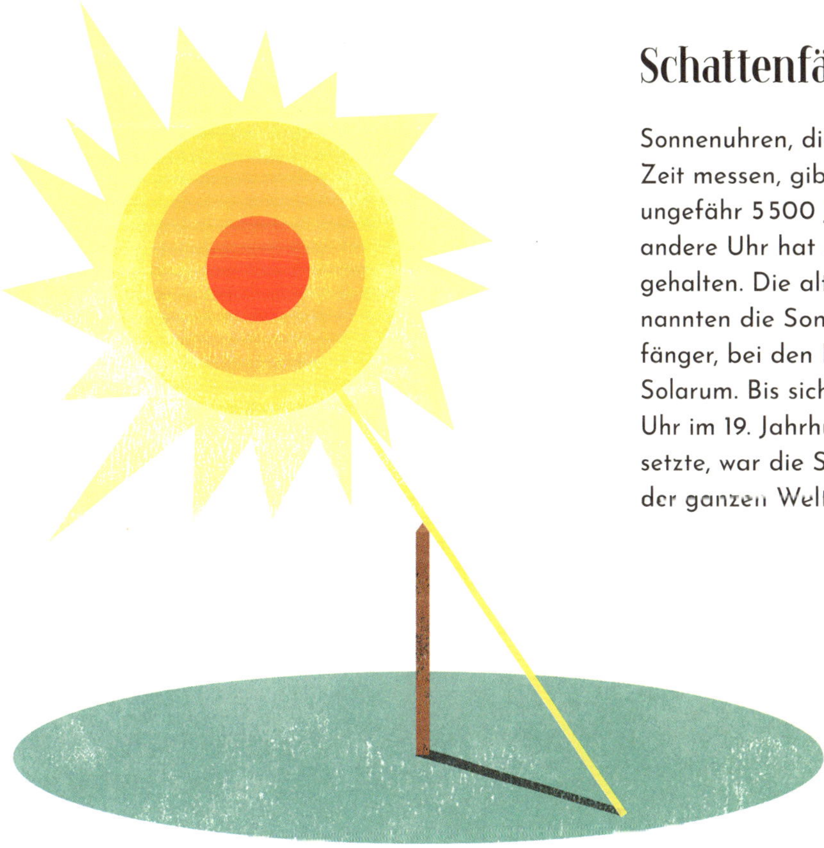

Schattenfänger

Sonnenuhren, die mit Schatten Zeit messen, gibt es schon seit ungefähr 5500 Jahren. Keine andere Uhr hat sich so lang gehalten. Die alten Griechen nannten die Sonnenuhr Schattenfänger, bei den Römer hieß sie Solarum. Bis sich die moderne Uhr im 19. Jahrhundert durchsetzte, war die Sonnenuhr auf der ganzen Welt verbreitet.

Samrat Yantra

Die größte Sonnenuhr der Welt steht übrigens in Jaipur, in Indien. Ihr Gnomon ist 27 Meter hoch und wandert pro Stunde um vier Meter. Die Uhr geht bis auf zwei Sekunden genau. Erbaut zwischen 1724 und 1734, gehört sie seit 2010 zum Weltkulturerbe der UNESCO.

Bitte schön pünktlich!

Wenn es Abend und dunkel wurde, half die Sonnenuhr allerdings nicht mehr viel. Den meisten Menschen machte das nichts aus. Man richtete sich eben nach der Natur, und das Ende des Sonnenlichts war auch das Ende des Arbeitstages. Mönche hatten allerdings auch früher schon Stress. Sie mussten unbedingt zu festen Zeiten beten, studieren, arbeiten und ja nicht zu lange schlafen. Also teilten sie auch die Nacht in zwölf Stunden ein und erfanden verschiedene Uhren, die anzeigten, wie viel Zeit vergangen war.

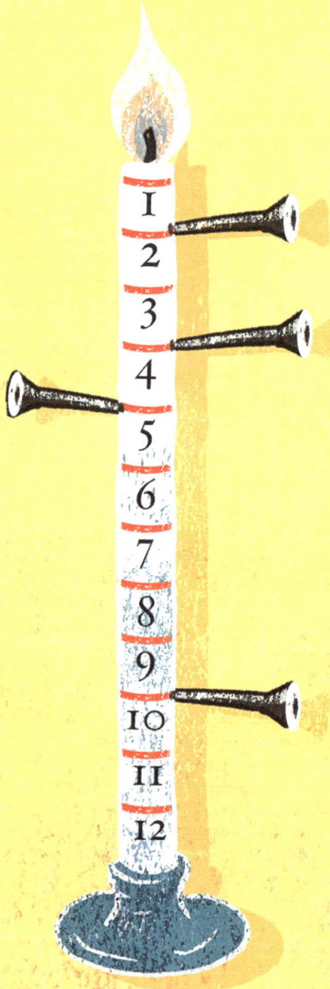

Strichkerzen

Die Mönche markierten Kerzen mit Strichen. Ein heruntergebrannter Strich bedeutete, dass eine Stunde vergangen war. Das half einem allerdings auch nichts, wenn man einschlief. Also bauten manche Mönche Steinchen oder Nägel in die Kerzen ein, die zu Boden fielen, wenn eine Stunde vorbei und die Kerze weiter abgebrannt war. Sie hofften, von dem Geräusch des herunterfallenden Steinchens aufzuwachen.

Stundengläser

Später, im 14. Jahrhundert, bekamen die Mönche ein weiteres Hilfsmittel: die Sanduhr. Zweimal umdrehen, dann beten. Dreimal drehen für die Studierzeit, dann arbeiten und bloß nicht vergessen, die Sanduhr wieder umzudrehen. Oft blieb ein einzelner Mönch die Nacht über wach und drehte in regelmäßigen Abständen die Sanduhr um. Auch ganz schön anstrengend.

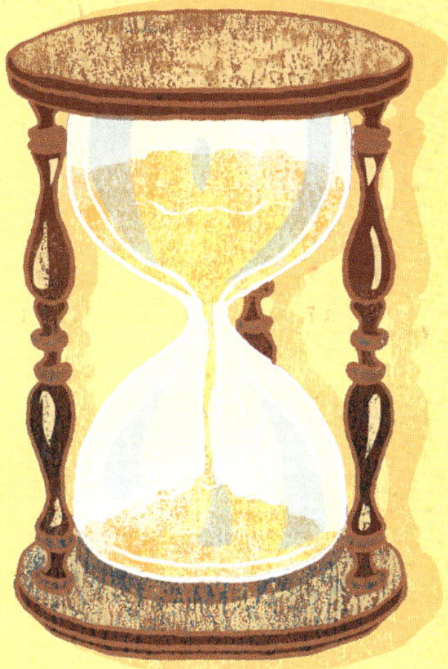

Rauchende Drachen

Mönche in China und Japan hatten es da etwas besser. Denn in China erfanden die Menschen im 6. Jahrhundert besondere Geräte, um sich die Zeit einzuteilen: Räucherwerkuhren. Oben im Bauch eines Drachens lag ein brennendes Räucherstäbchen. Darüber hingen in Abständen voneinander Fäden mit Kugeln. Wenn die Flamme einen Faden erreichte und ihn durchbrannte, fiel eine Kugel in die Schale unter dem Drachen und erzeugte einen schönen Klang. Und es roch natürlich gut. Die Zeit, die das Räucherstäbchen brauchte, um zum nächsten Faden zu gelangen, nutzten Mönche in China und Japan zum Meditieren.

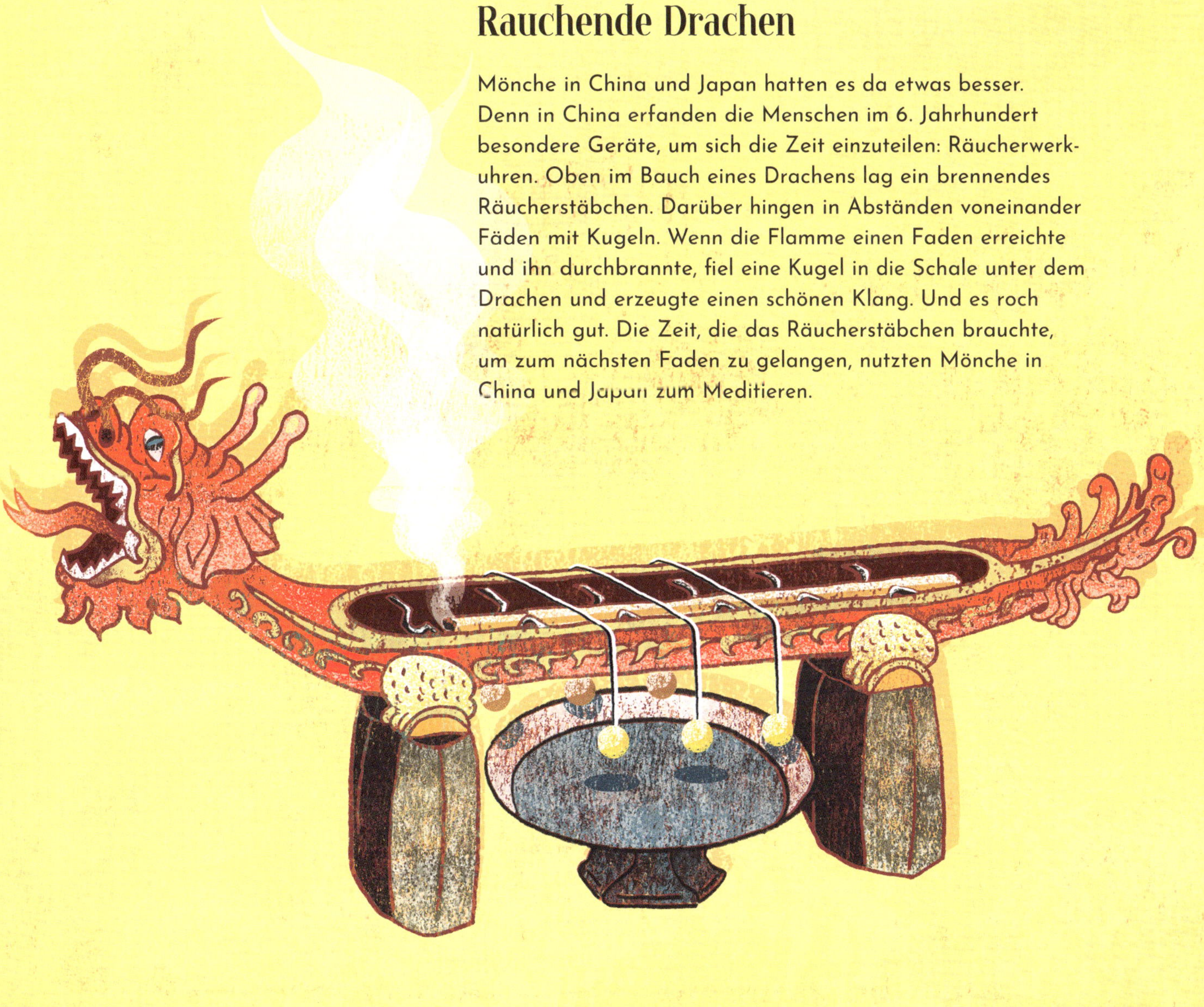

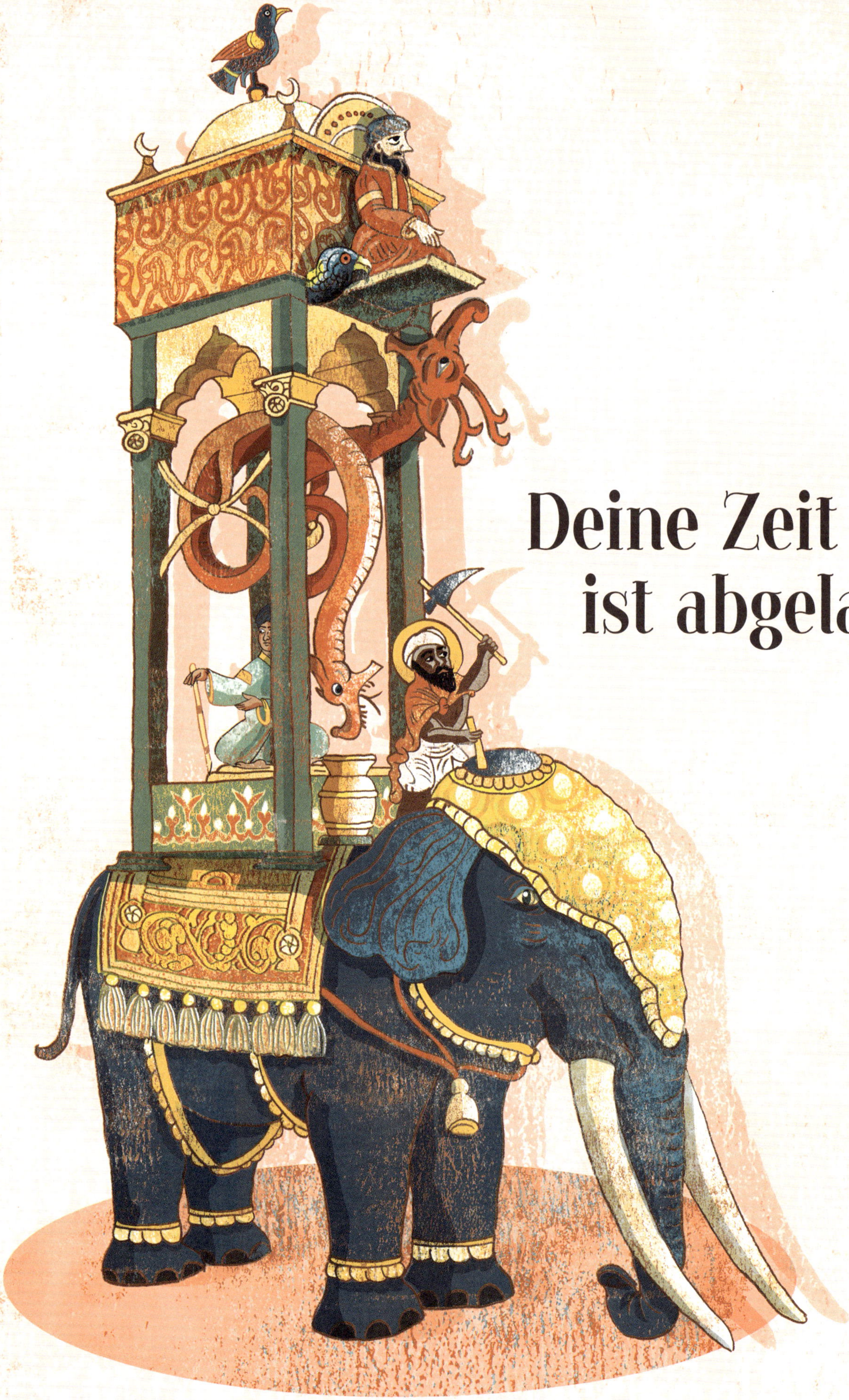

Deine Zeit ist abgelaufen!

Im alten Griechenland und später bei den Römern wurde viel diskutiert. Dabei sollte es möglichst gerecht zugehen. Jeder Redner sollte die gleiche Zeit haben, um die anderen von seiner Meinung zu überzeugen. Also brauchte man eine Möglichkeit, Zeit zu messen. Die Sonnenuhren waren dafür nicht geeignet. Bei schlechtem Wetter oder im Inneren von Gebäuden funktionierten sie nicht.

Wasseruhren

Wasseruhren waren die ersten Zeitmesser, die keine Sonne brauchten. Sie machten es möglich, Zeiträume zu ermitteln, zu vergleichen und Zeit gerecht zu verteilen. Klepsydra, wie die alten Griechen diese Uhren nannten, bedeutet Wasserdieb. Wahrscheinlich deswegen, weil das tropfende Wasser den Rednern Stress gemacht hat. Sie hatten das Gefühl, ihnen wurde »die Zeit gestohlen«. Wasseruhren konnten messen, wie viel Zeit vergangen war, aber nicht, wie spät es am Tag war. Allerdings kam ein ganz besonderer Wasseruhren-Automat nahe dran.

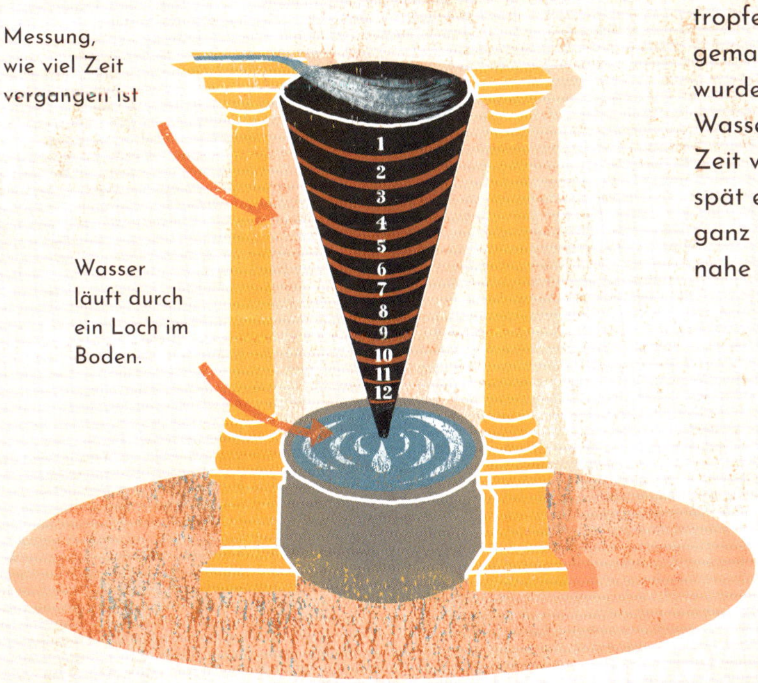

Die Elefantenuhr

Eine der berühmtesten Wasseruhren ist ein Automat, den sich der Ingenieur al-Dschazarī im 12. Jahrhundert ausgedacht hat. Alle 30 Minuten wirbelt hoch oben auf dem Turm ein Phönix herum, dann spuckt ein Falke einem Drachen eine Kugel in den Kopf. Sekunden später klingelt es und eine halbe Stunde ist vergangen. Die Elefantenuhr misst halbe Stunden. Und sie zeigt auch an, wie viele Stunden und Minuten eines Tages bereits vergangen sind. Ganz ohne Pendel und Feder.

Die sind nämlich noch gar nicht erfunden. In seinem Handbuch »Automata« hat Al-Dschazarī eine so genaue Anleitung zur Konstruktion der Elefantenuhr geschrieben, dass man sie heute nachbauen kann. Ein Nachbau befindet sich in Dubai, eine andere Elefantenuhr steht in der Schweiz.

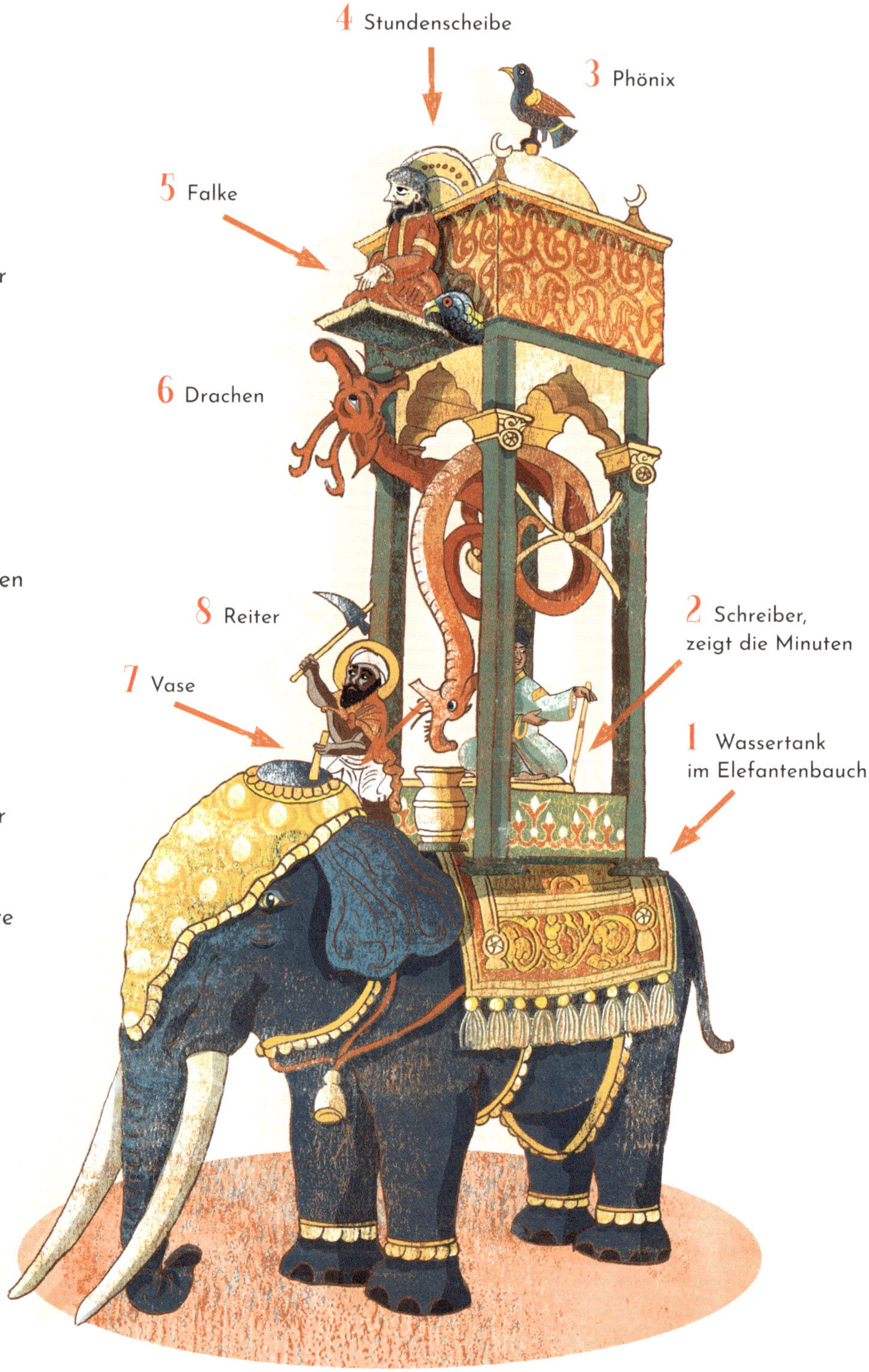

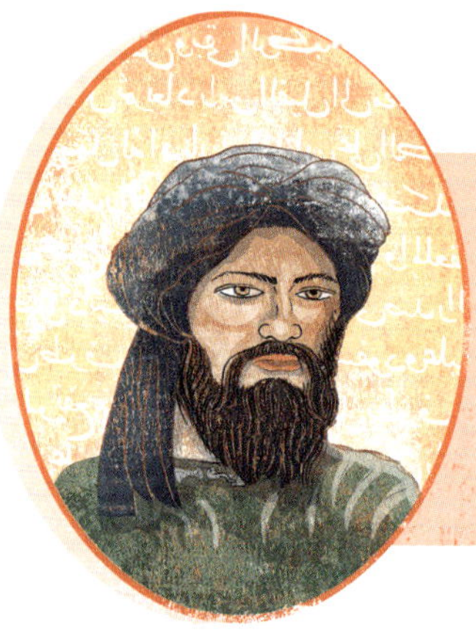

Im Meisterwerk des Ingenieurs al-Dschazarī kommen verschiedene Kulturen zusammen. Der indische Elefant trägt zwei arabische Figuren auf einer persischen Decke. Die chinesischen Drachen erhalten ihre Kugel vom ägyptischen Phönix.

Al-Dschazarī, islamischer Gelehrter, Ingenieur, Erfinder, 1136–1206 n. Chr.

Aber wie funktioniert die Uhr?

1

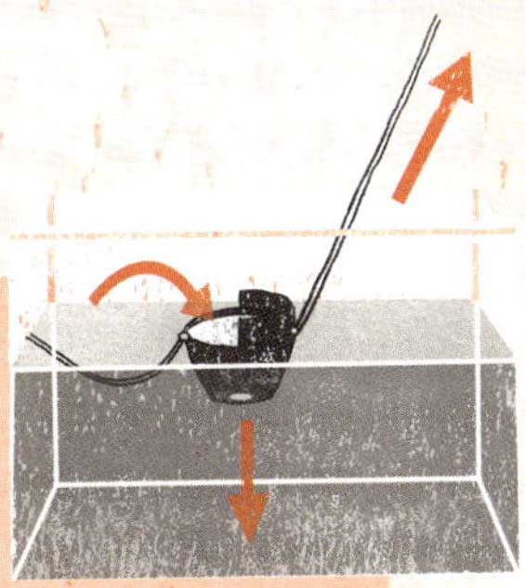

Im Bauch des Elefanten ist ein Wassertank (1) versteckt. Im Wasser schwimmt eine Schüssel mit einem kleinen Loch. Sie füllt sich langsam mit Wasser und sinkt. An der Schüssel sind mehrere Seile befestigt.

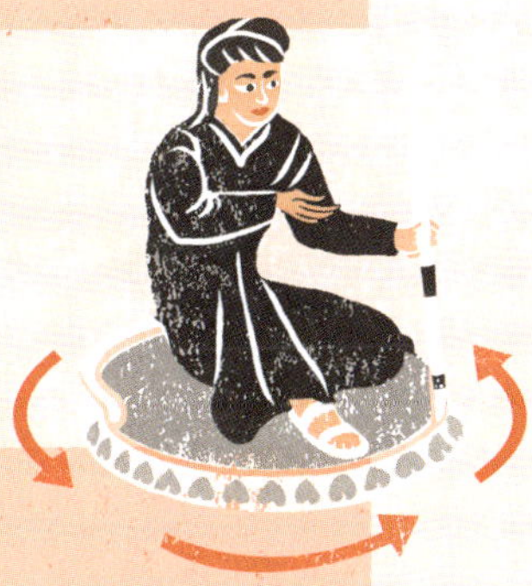

2

Eines der Seile ist mit dem Schreiber (2) verbunden. Durch das langsame Sinken der Schüssel dreht sich der Schreiber. Sein Stift zeigt die Minuten an, die vergangen sind.

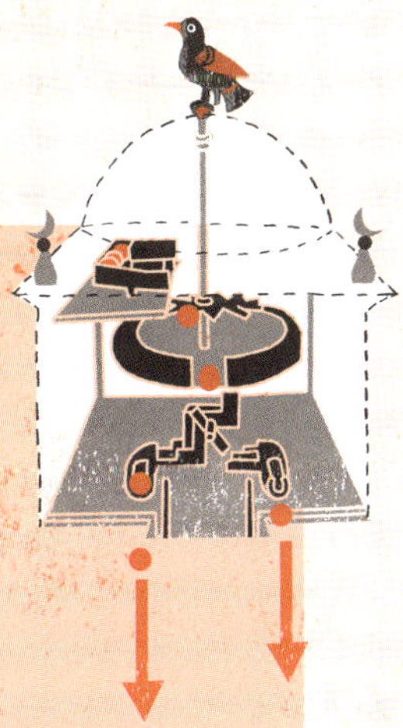

3

Wenn die Schüssel voll gelaufen ist und ganz ins Wasser sinkt, zieht sie an einem anderen Seil. Dieses Seil ist direkt verbunden mit der Kuppel und sorgt dafür, dass eine Metallkugel in einen Propeller fällt. Der Propeller dreht sich. Dadurch dreht sich auch der Phönix (3) und pfeift.

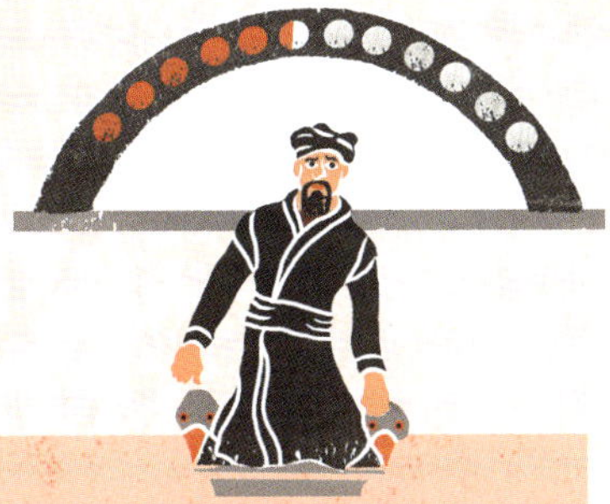

4

Mit dem Propeller dreht sich auch die Stundenscheibe (4) weiter. Die Stundenscheibe hat 12 Kreise. Jeder Kreis steht für eine Stunde. Jede halbe Stunde kommt ein weiterer Halbkreis hinzu.

5–8

Die Kugel rollt vom Propeller zum Falken (5). Der Falke wiederum spuckt die Kugel in den Kopf eines Drachens (6). Durch das Gewicht der Metallkugel bewegt sich der Drache nach unten. Er lässt die Kugel in eine Vase (7) fallen. In der Vase schlägt die Kugel an eine Zimbel – ein Ton erklingt. Der Reiter (8) bewegt die Stöcke in seiner Hand. Die Kugel fällt in eine Truhe. Eine halbe Stunde ist um.

In dem Moment, in dem der Drache (6) herunterkippt, zieht ein weiteres Seil im Bauch des Elefanten die Schüssel wieder hoch und leert sie. Jetzt kann der ganze Prozess wieder von vorne losgehen. Einmal am Tag müssen die Kugeln aus der Truhe wieder hoch in die Kuppel gebracht werden.

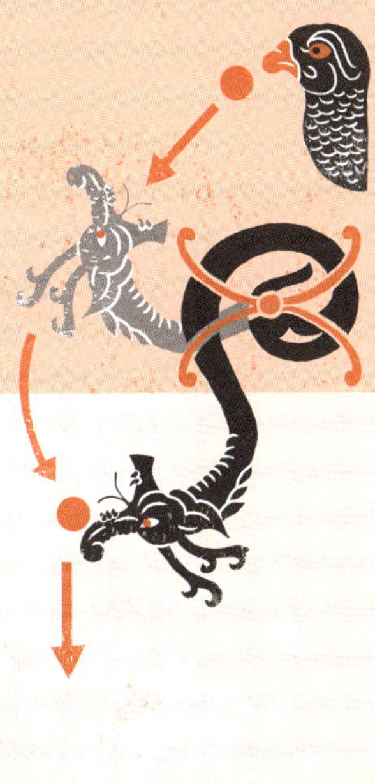

Glocken, Räder, Pendel – und jede Menge Krach

Schon mal neben einer Kirche gestanden und plötzlich fangen die Glocken an zu läuten? Das ist echt laut! So soll es auch sein - oder sollte, früher, im Mittelalter. Schließlich sollte man die Glocken überall hören. Damals trieb die Kirche die Menschen an, ihre Zeit ja nicht zu verschwenden.
Außerdem begannen die Menschen, in Städten zu leben und als Händler und Handwerker zu arbeiten. Wer sich da verabreden wollte, musste schon ungefähr wissen, wie spät es war. Gut also, wenn man da die Kirchturmglocken hörte. Dann wusste man, ob man noch etwas Zeit hatte, oder ob es schon eine Stunde zu spät war. Denn die Kirchturmuhren läuteten immer nur zur vollen Stunde und hatten lange auch nur einen Stundenzeiger.

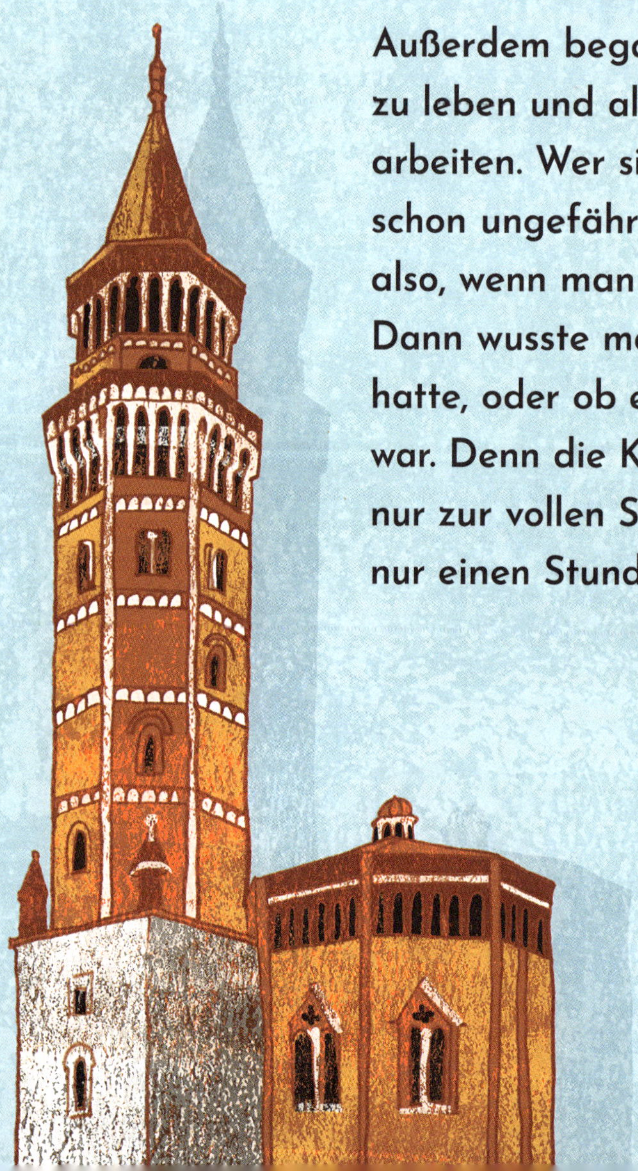

Wie lange dauert eigentlich eine Stunde?

Das hing lange von den Jahreszeiten ab. Die Mönche entwickelten dafür ein System. Sie teilten Tag und Nacht in zwei Hälften, also einen Tag mit zwölf Stunden und eine Nacht mit zwölf Stunden. Tag war, wenn es hell war, und Nacht, wenn es dunkel war. Das heißt aber, im Sommer dauerte der Tag viel länger als die Nacht. Und im Winter umgekehrt. Nach unserer heutigen Rechnung hätte damit ein Sommertag 16 Stunden und die dazugehörige Nacht nur acht. Das wollten die Mönche aber nicht. Zwei mal zwölf, das war ihnen wichtig. Also verlängerten sie im Sommer einfach die Tagesstunden. Eine Stunde dauerte dann eben 80 Minuten, damit die Rechnung stimmte. Im Winter 40, dafür waren dann die Nachtstunden länger. Im Frühling und im Herbst, wenn beide Hälften ungefähr gleich lang waren, dauerte eine Stunde so lang wie heute,

Das System änderte sich Anfang des 14. Jahrhunderts. Es gab immer mehr Handwerker und Händler in den Städten. Sie orientierten sich nicht mehr so stark an der Natur. Da musste auch schon mal abends etwas ausgeliefert werden. Und in die Webereien der Tuchmacher kam sowieso nicht viel Tageslicht. Dafür wollte man genauer wissen, wie spät es war. Mit dem Aufkommen der mechanischen Uhren wurden die Stunden gleich lang. Egal, welche Jahreszeit es gerade war.

Räderuhren

Anfang des 14. Jahrhunderts entstanden die ersten Uhren, für die man weder Sonne noch Wasser oder Feuer brauchte. Dafür aber viel Platz und Menschen, die sich regelmäßig um sie kümmerten. Außerdem: ein Seil, ein Gewicht, eine Walze, ein Räderwerk, einen Uhrzeiger und ein Ziffernblatt. Und eine neue Erfindung: die Spindelhemmung.

Eine Räderuhr funktioniert so:

Das Seil wird um einen Balken gewickelt. An das Seil wird ein Gewicht gehängt. Die Schwerkraft zieht das Gewicht nach unten und bewegt so eine Walze. Die Walze wiederum ist mit einem Räderwerk verbunden, das den Uhrzeiger in Bewegung setzt. Der Uhrzeiger wandert über das Ziffernblatt. So kann man die Uhrzeit auf dem Ziffernblatt ablesen. Damit das Gewicht das Seil nicht einfach in einem Rutsch abrollt, gibt es die Spindelhemmung. Sie sorgt dafür, dass die Bewegung abgebremst und kontrolliert wird. So bewegt sich die Uhr gleichmäßig. Die älteste Räderuhr, die heute noch funktioniert, steht mitten in der Kathedrale von Salisbury in England. Sie stammt aus dem Jahr 1386.

Die Erfindung der Pendeluhr

So richtig weiter ging es mit der Entwicklung mechanischer Uhren, nachdem Galileo Galilei Ende des 16. Jahrhunderts das Pendel und seine Eigenschaften entdeckte. Sein Pendelgesetz kann man heute relativ einfach ausprobieren.

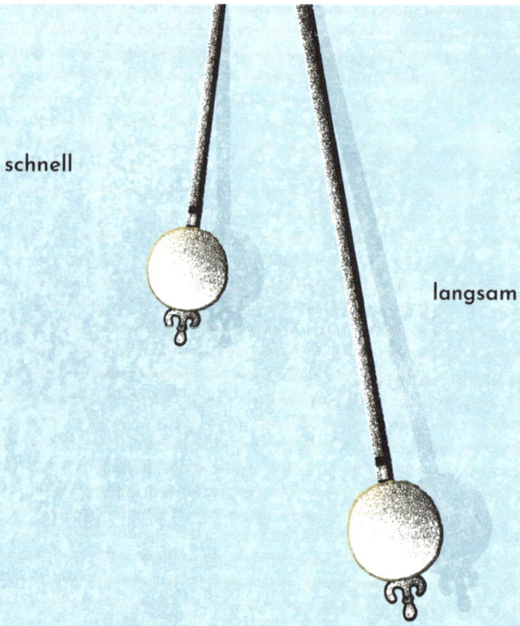

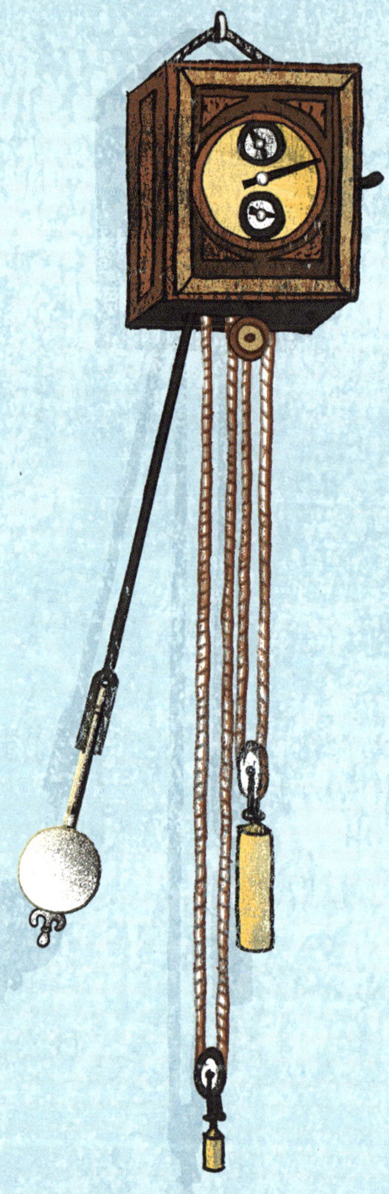

Galileo Galileis Pendelgesetz

Wenn man ein Gewicht aufhängt, ist die Dauer der Schwingung des Gewichts davon abhängig, wie lang die Aufhängung ist. Lange Pendel schwingen langsamer, kürzere Pendel schwingen schneller. Wenn man ein Pendel viermal länger macht, schwingt es nur noch halb so schnell wie zuvor.

Empfindliche Erfolgsuhr

Der niederländische Naturwissenschaftler Christiaan Huygens erfand im Jahr 1657 die erste Pendeluhr. Sie war ein durchschlagender Erfolg, denn durch den gleichmäßigen Schwung des Pendels ging sie viel genauer als eine Räderuhr. Ganz unempfindlich war sie allerdings nicht. Temperaturunterschiede und Luftzug machten ihr anfänglich zu schaffen. Trotzdem hat sie sich bis heute gehalten.

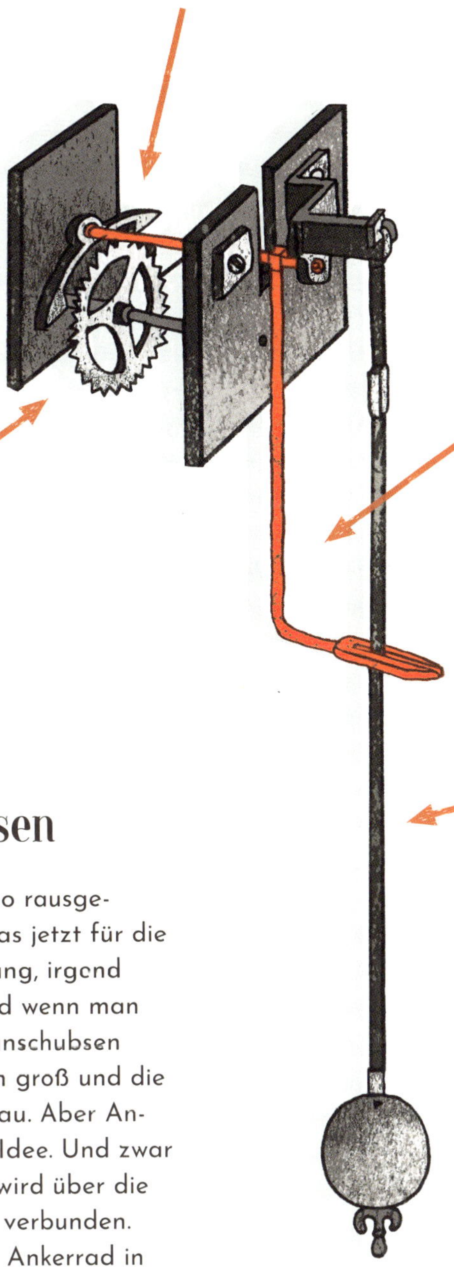

Das Prinzip Anschubsen

Ausprobiert? Es stimmt, was Galileo rausgefunden hat. Aber was bedeutete das jetzt für die Uhren? Denn egal wie kurz oder lang, irgend wann schwingt das Pendel aus. Und wenn man es dauernd mit der Hand wieder anschubsen müsste, wäre der Aufwand ziemlich groß und die Uhr wahrscheinlich ziemlich ungenau. Aber Anschubsen ist trotzdem die richtige Idee. Und zwar in doppelter Hinsicht. Das Pendel wird über die Pendelstange mit einer Hemmung verbunden. Dieser sogenannte Anker setzt ein Ankerrad in Bewegung und gibt gleichzeitig dem Pendel über die Pendelstange wieder neuen Antrieb. Das Ankerrad ist wiederum mit weiteren Zahnrädern verbunden, die die Schwingungen des Pendels zählen und die Uhr zum Ticken bringen.

Sag mir, wie spät es ist, und ich sage dir, wo du bist!

1707 gehen vier englische Kriegsschiffe mit knapp 2000 Menschen an Bord unter. Nicht weil sie angegriffen werden, sondern weil die Offiziere die Position der Schiffe falsch berechnet haben. Im Nebel sind sie direkt in die Klippen der Scilly-Inseln im Südwesten von England gesteuert. Sie dachten, sie wären ganz woanders. Dieses Schiffsunglück war kein Einzelfall. Anfang des 18. Jahrhunderts irrten viele Schiffe wochenlang im Meer herum, Krankheiten brachen aus, manche kenterten. Und manche landeten aus Versehen ganz woanders, als sie eigentlich geplant hatten.

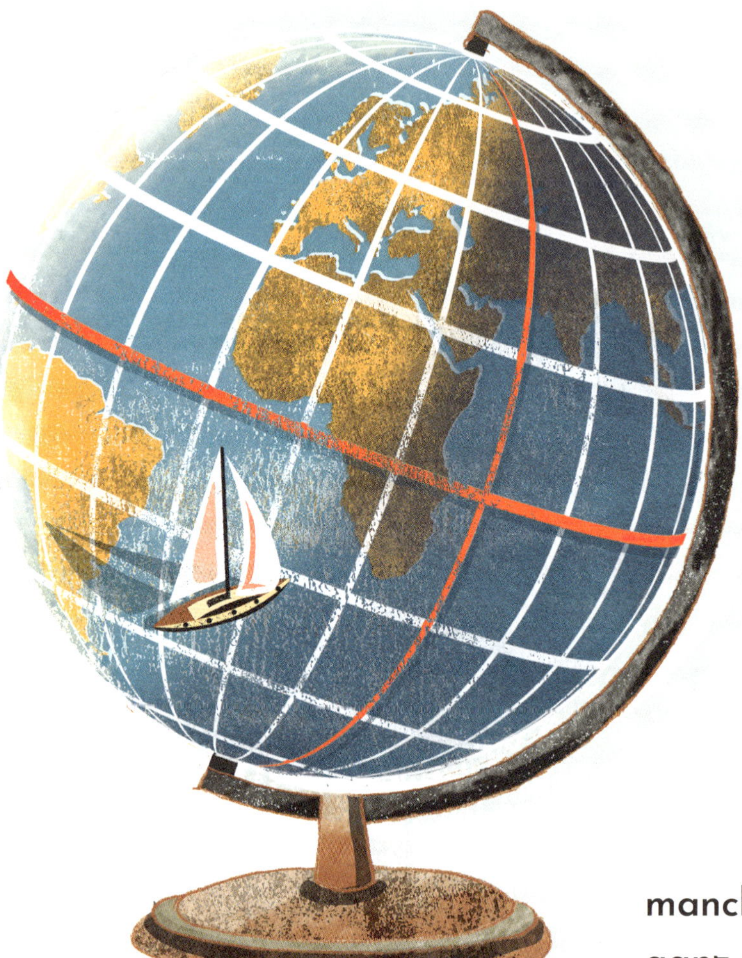

Lang und breit!

Auf dem Meer, wo es keine Straßenschilder gibt, berechnet man seinen Standort und sein Reiseziel nach einem Koordinatensystem. Einem System aus Knotenpunkten zwischen Breiten- und Längengraden. Breiten- und Längengrade sind ein Gitternetz, das man zur Orientierung über den Erdball gezogen hat. Breitengrade verlaufen parallel zum Äquator, Längengrade verbinden den Nord- und den Südpol. Auf dem Meer kann man seinen Standpunkt anhand des Knotenpunkts zwischen Breiten- und Längengrad angeben. Nur, wie bekommt man heraus, auf welchem Breiten- und Längengrad man sich gerade befindet?
Den richtigen Breitengrad festzustellen, ist nicht das Problem. Schon seit der Zeit von Christopher Kolumbus (1451–1506) konnten Seeleute den Breitengrad anhand des Stands der Sonne und der Position von bekannten Sternen über dem Horizont bestimmen. Mit dem Längengrad war das sehr viel schwieriger.

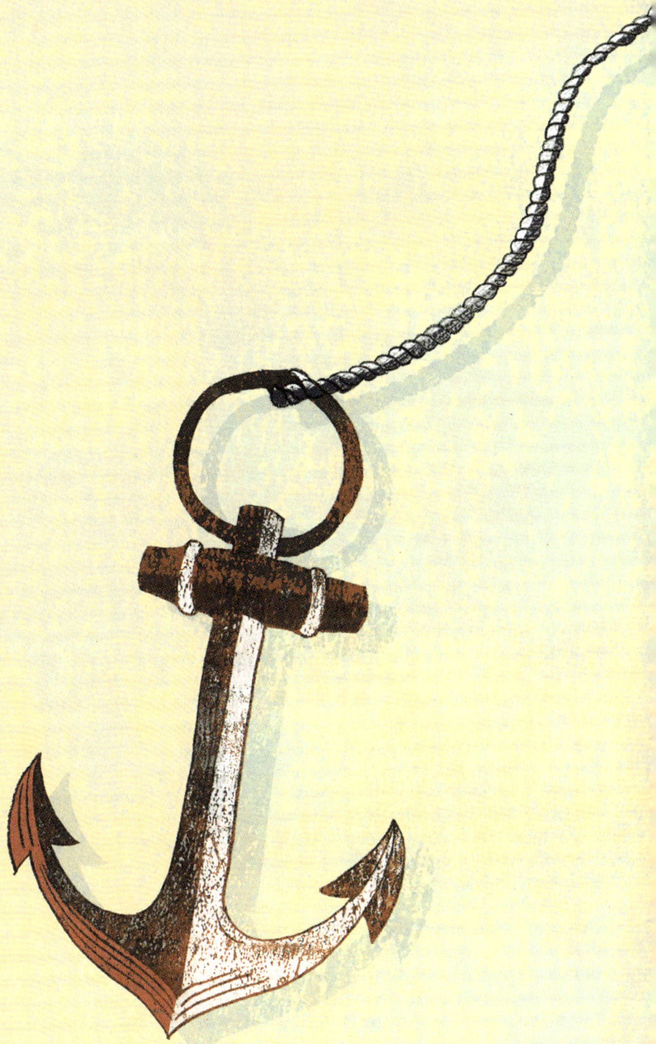

Der Wettbewerb

So geht das nicht weiter, dachte sich das britische Parlament nach dem Schiffsunglück vor den Scilly-Inseln. 1714 rief man einen Wettbewerb aus: Derjenige, der das Problem mit der Bestimmung des Längengrads lösen würde, sollte 20000 britische Pfund erhalten. Heute wären das mehrere Millionen Euro. Klar, dass alle möglichen Leute sofort ihr Glück versuchten. Auch die Astronomen machten sich an die Arbeit. Sie versuchten, den Längengrad aus der Beobachtung der Position des Mondes und dessen Abstand zu verschiedenen Sternen abzuleiten. Das war allerdings sehr kompliziert und bei schlechtem Wetter gar nicht möglich. Aber dann war da noch ein Tischler, John Harrison, der in seiner Freizeit an Uhren arbeitete. Für ihn war klar, dass man den Längengrad herausbekam, wenn man eine Uhr mit aufs Meer nahm, die einem die aktuelle Uhrzeit im Heimathafen anzeigte: Denn der Längengrad hängt mit der Zeit zusammen.

Ermittlung des Längengrads

Man braucht:

- die genaue Uhrzeit an Bord des Schiffes.
- die genaue Uhrzeit im Heimathafen, von dem man den Längengrad kennt.
- einen Navigator, der die Uhrzeit an Bord durch den Sonnenstand ermitteln kann.
- einen Navigator, der die Differenz zwischen der Uhrzeit an Bord und der Uhrzeit im Heimathafen berechnet.

Da man weiß, dass sich die Erde in 24 Stunden um 360° Grad dreht, sagt einem der Unterschied zwischen der Uhrzeit an Bord und der Uhrzeit im Heimathafen, auf welchem Längengrad man sich befindet.

Was hat das eigentlich mit der Zeit zu tun?

Ganz schön kompliziert, die Sache mit der Differenz zwischen den beiden Uhrzeiten und dem Längengrad, aber das hätten die Navigatoren damals schon hinbekommen. Das Problem war, dass es keine Uhr gab, die auf dem Meer richtig ging. Damals funktionierten Uhren mit einem Pendel, das fest auf dem Boden stehen musste. Außerdem waren sie temperaturempfindlich. Wellengang und Temperaturschwankungen gehören aber auf dem Meer nun mal dazu. Die Pendeluhren konnte man also vergessen.

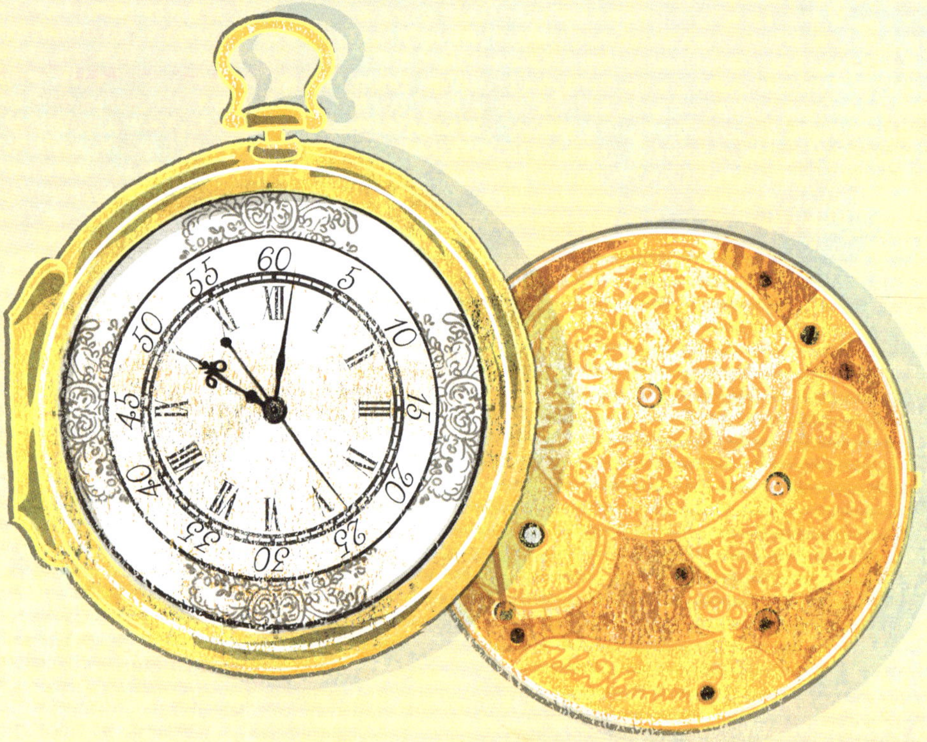

Die Erfindung des Schiffschronometers

Es brauchte also eine präzise Uhr, die sich weder vom Wellengang noch von Kälte und Wärme irritieren ließ, dachte sich John Harrison und machte sich an die Arbeit. 1735 hatte er die erste Uhr fertig. Die war noch ein Riesenapparat, der auf der Testfahrt nach Lissabon allen an Bord im Weg stand. Aber sie brachte die Reisenden sicher ans Ziel.

H4 | Die vielleicht berühmteste Uhr der Welt

Sie sieht aus wie eine Taschenuhr, oder? Die H4 ist zwar mit anderthalb Kilo echt schwer, aber in ihr stecken auch jede Menge neue Erfindungen. Ein Bimetallstreifen zum Beispiel, sodass Temperaturschwankungen ihr nichts mehr ausmachen.
Und auch wenn sie mal aufgezogen werden musste, verlor sie keine Zeit, sondern lief einfach weiter. 1759 war die H4 fertig und wurde auf mehreren Schifffahrten getestet. Die Kapitäne waren begeistert!

Schlechte Verlierer, armer Gewinner

Die 20 000 Pfund bekam John Harrison trotzdem nicht, denn in der Wettbewerbs-Jury saßen Astronomen, die wollten, dass ihre Monddistanz-Methode gewann. Außerdem fanden sie, könne ein einfacher Tischler ja nicht eine Lösung für etwas finden, das ihnen nicht gelang. Aber John Harrison gab nicht auf. Der berühmte Kapitän James Cook nahm Harrisons Uhr mit auf Weltreise und schrieb begeistert zurück. 1772 gab Harrisons Sohn die Uhr an den König, der sie testete und dafür sorgte, dass Harrison zu seinem Geld kam. Endlich!
Die Erfindung des Schiffschronometers machte die Seefahrt sicherer und brachte den europäischen Handel erst so richtig in Schwung. Bis heute haben Schiffe neben moderner Elektronik Chronometer an Bord, mit denen sie sich orientieren können.

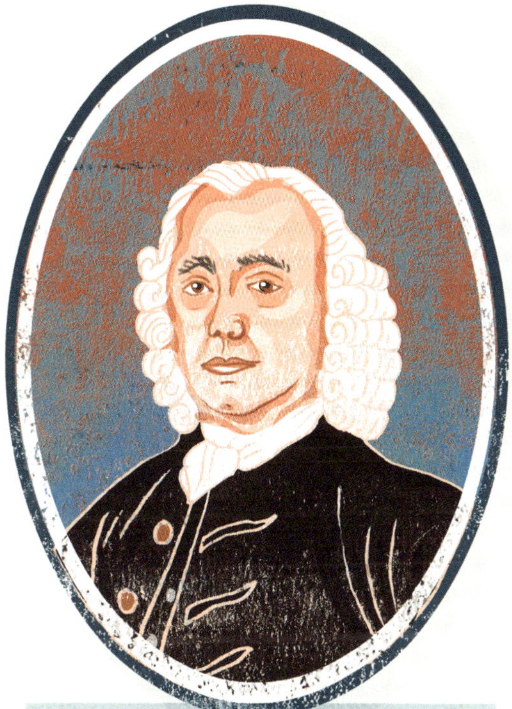

John Harrison ist der Erfinder vieler verschiedener Techniken, die dafür sorgten, dass seine Uhren extrem genau gingen. Er wagte es, neue Sachen auszuprobieren.

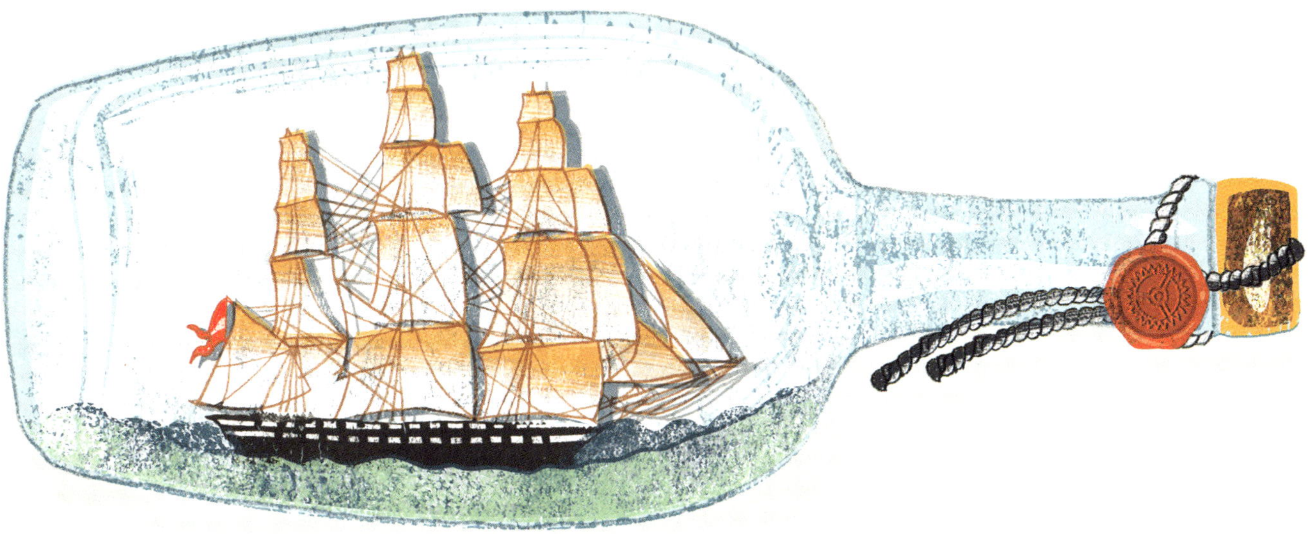

Zehner-Zeit

Schöne Uhr, oder? Aber irgendwas stimmt nicht mit ihr. Wieso sind da so viele Ringe mit lauter unterschiedlichen Zahlen? Und die 3, steht die nicht irgendwie an der falschen Stelle? Und nicht nur die. Die 5 steht definitiv da, wo eigentlich die 6 hingehört. Was soll denn das?

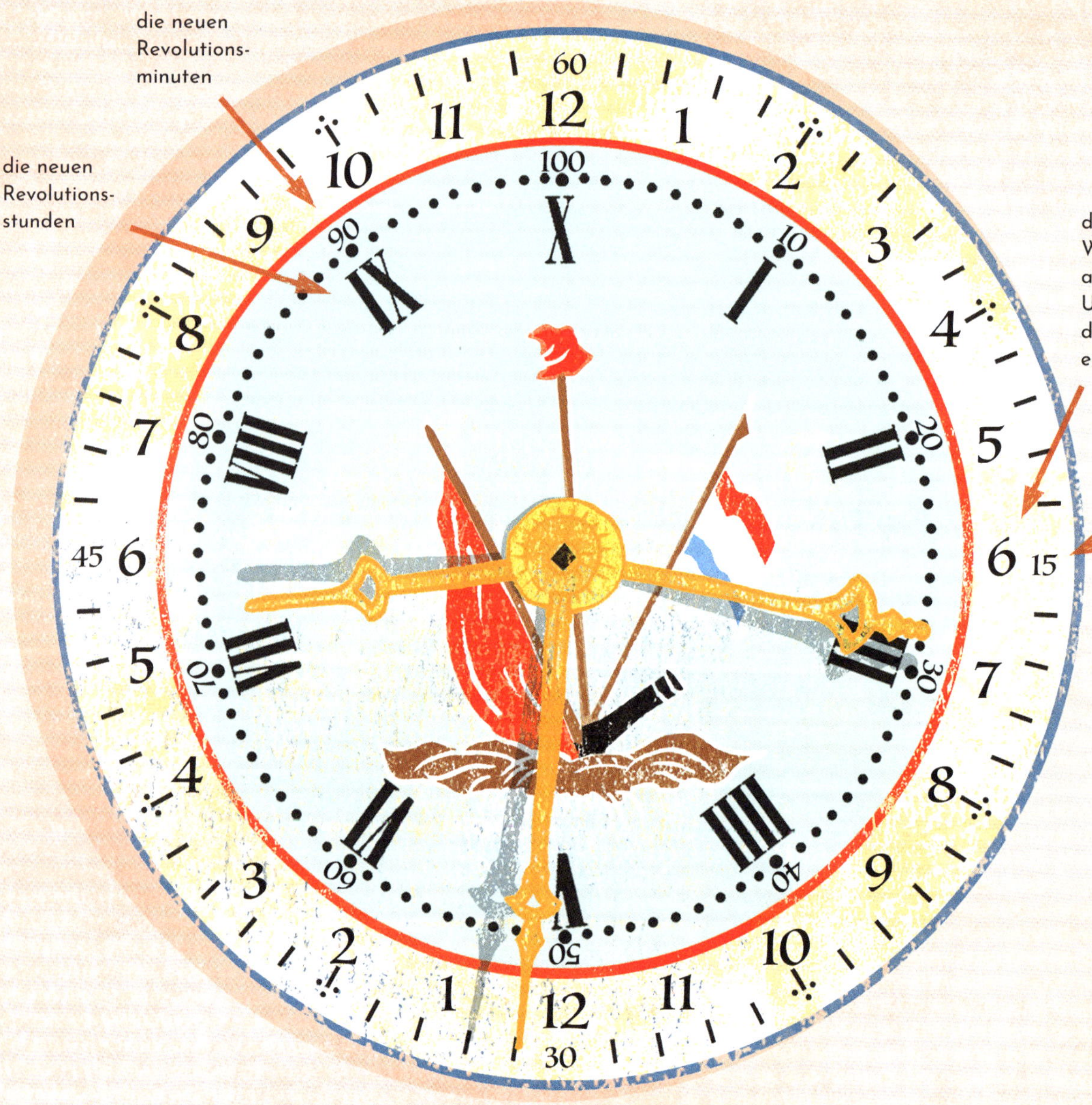

Diese Revolutionsuhr zeigt die neue Zeit der Französischen Revolution und die »alte« Uhrzeit, wie wir sie auch heute kennen.

Keine Kirchenzeit!

Die Uhr links stammt aus der Zeit der Französischen Revolution. 1789 hatte man in Frankreich genug von Königen, Päpsten und allem, was an sie erinnerte. Das Volk sollte sich selbst regieren. Es sollte vernünftig sein und an sich selbst glauben. Mit allem, was mit der Kirche zu tun hatte, sollte Schluss sein. Also auch mit der Uhrzeit, wie wir sie kennen. Wieso sollte eine Stunde eigentlich 60 Minuten und eine Minute 60 Sekunden haben? Das war doch alles total unvernünftig. Und unpraktisch beim Rechnen.

Das Zehnersystem

Die französischen Revolutionäre machten die Zahl 10 zur wichtigsten Größe, mit der sie alles berechneten. Sie führten Liter, Meter, Gramm und Kilogramm ein und erfanden den französischen Franc. Alles Zehnermaße, mit denen es sich einfach rechnete.

Die Zehneruhr

Dasselbe machten sie mit der Zeit. Ein 24-Stunden Tag dauerte jetzt nur noch zehn Stunden. Dafür hatte jede Stunde 100 Minuten. Und jede Minute 100 Sekunden. Eine neue Stunde dauerte also 2,4-mal so lang wie vorher.

Eine Zeit mit Folgen

Die Französische Revolution war sehr wichtig für die Entwicklung der Demokratie. Und das Arbeiten mit Zahlen, die durch 10 teilbar sind, war in vielen Bereichen echt hilfreich. Liter, Gramm und Kilogramm sind Maßeinheiten, die aus der Zeit der Französischen Revolution stammen. Auch der Euro beruht auf dem 10er-Prinzip, das sich die französischen Revolutionäre einst ausgedacht haben.
Nur die neue Uhr mit den zehn Stunden à 100 Minuten hat sich nicht gehalten. 1806 schaffte Napoleon sie wieder ab. Und auch nachdem Napoleon seinerseits abgeschafft worden war, blieb man bei der Zeit, wie wir sie heute kennen: Eine Stunde hat 60 Minuten und eine Minute 60 Sekunden. Alles andere war einfach ein bisschen lang.

Pünktlich, pünktlicher, am pünktlichsten

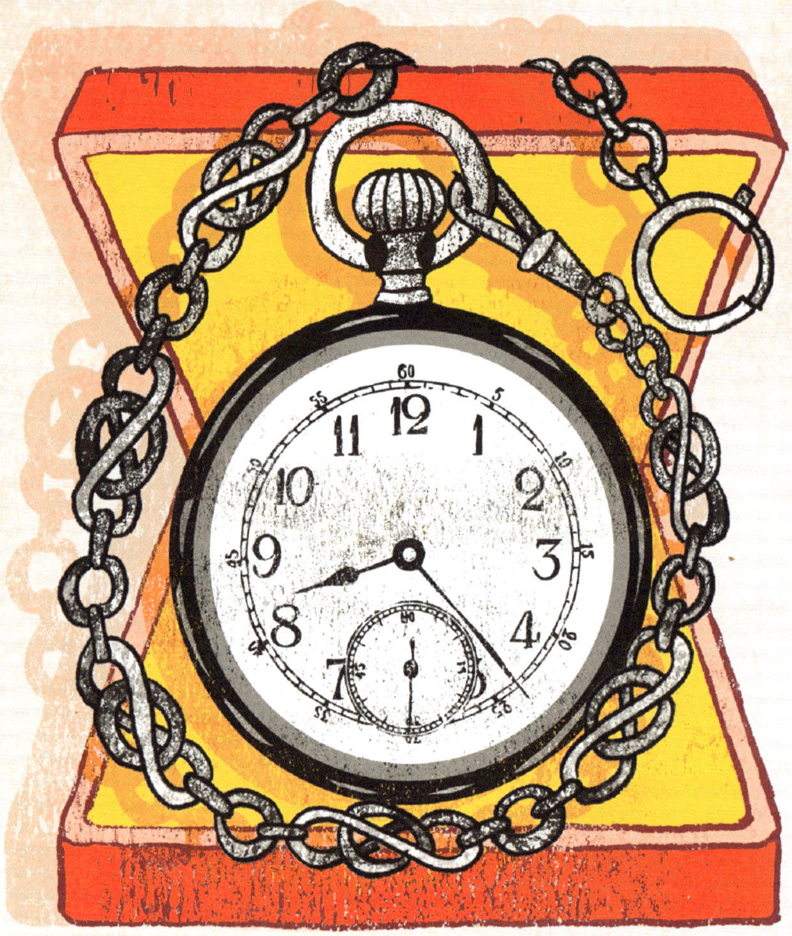

Irgendwann waren Uhren in den Städten nicht mehr wegzudenken. Bäcker und Metzger hatten feste Öffnungszeiten und die ersten Schulen erwarteten ihre Schüler morgens zum Unterricht. Aber deswegen hatte noch lange nicht jeder eine Uhr. Pendeluhren waren erstens ziemlich groß und zweitens ziemlich teuer. Also musste man raus und zum nächsten Kirchturm laufen oder auf die Glockenschläge lauschen. Erst am Ende des 18. Jahrhunderts kauften sich mehr und mehr reiche Leute eine Taschenuhr.

An der Kette

Die Taschenuhr wurde mit einer spiralförmigen Feder statt mit einem Pendel angetrieben. Anfangs hatte sie nur einen Stundenzeiger. Aber zum ersten Mal konnte man seine Uhr unterwegs dabei haben. Taschenuhrbesitzer trugen ihre Uhren stolz und für alle sichtbar an einer Kette.

Am Arm

Anfang des 20. Jahrhunderts banden sich manche Frauen ihre Taschenuhr um den Arm. Sie wurden ausgelacht. Dann, im Ersten Weltkrieg, merkten Offiziere auf See, dass es tatsächlich praktisch wäre, die Uhr direkt am Handgelenk zu tragen. Man hätte die Hände frei und könnte mit einem Blick die Zeit ablesen. Also entwickelten Uhrmacher extra für Marinesoldaten und für Piloten Armbanduhren.
Nach dem Ende des Ersten Weltkriegs waren plötzlich alle von der Armbanduhr überzeugt. Das blieb auch sehr lange so. Eigentlich bis Smartphones aufkamen und die Leute darauf guckten. Manche Menschen nervt es heute allerdings, für die Uhrzeit auf ihr Handy zu schauen. Vor lauter Nachrichten und Apps vergessen sie nämlich ganz, dass sie eigentlich nur wissen wollten, wie spät es ist. Neuerdings gibt es daher wieder einen Trend zur Taschenuhr.

Sekunden-Schwingungen

Über Tausende von Jahren orientierte man sich bei der Berechnung der Zeit an der Bewegung der Himmelskörper. Dann fand man heraus, dass die Erde gar nicht jeden Tag genau 24 Stunden braucht, um sich einmal um sich selbst zu drehen. Langsam dreht sie sich immer langsamer.
Das brachte die Menschen 1967 dazu, die Zeitmessung neu zu organisieren. Die Zeit bestimmen jetzt Atome, mit deren Hilfe sich Sekunden immer gleichbleibend bestimmen lassen. Eine Sekunde ist die Zeitspanne, die ein Caesium-Atom für exakt 9 192 631 770 Schwingungen benötigt. Kaum vorstellbar, aber Atomuhren messen diese Schwingungen. Zurzeit gibt es mehr als 400 Atomuhren auf der Welt, an denen wir uns orientieren. Sie messen die Internationale Atomzeit (TAI).

Internationale Atomzeit ≠ Sonnenzeit

Man braucht diese ganz genaue Zeitmessung zum Beispiel für GPS-Systeme und die satellitengesteuerte Flugsicherung. Allerdings hinkt die Sonnenzeit, also die Zeit, die die tatsächliche Länge eines Erdentages festhält, ein bisschen hinter der Internationalen Atomuhrzeit hinterher. Weil die Erdrotation sich verlangsamt und die Erde für ihren Umlauf um die Sonne jedes Jahr zehn Sekunden länger braucht. Sobald die Sonnenzeit und die Internationale Atomuhrzeit um 0,9 Sekunden voneinander abweichen, wird eine Schaltsekunde eingeführt. Dann bekommt eine einzelne Minute eines Tages 61 statt 60 Sekunden. Im Moment passiert das alle anderthalb Jahre einmal. Im Alltag merkt das allerdings niemand.

Raus aus den Federn!

Ausschlafen und im Bett bleiben, bis die Sonne aufgeht? Undenkbar für Erfinder! Bis heute tüfteln Forscher an Methoden, ihre Mitmenschen morgens aus dem Bett zu bekommen. Gnadenlos.

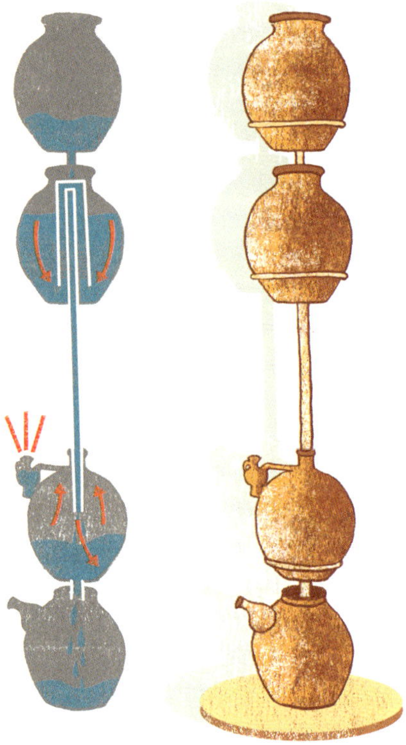

Aufstehn, es knallt!

Der griechische Philosoph Platon hatte schon vor über 2400 Jahren Angst, nicht rechtzeitig aufzuwachen. Damals gab es nur Wasser- und Sonnenuhren. Da er die Sonne schlecht zum Klingeln bringen konnte, baute er aus drei Gefäßen einen Wasserwecker. Aus einem Gefäß tröpfelte Wasser in ein zweites. Wenn genügend Wasser hineingetropft war, kippte es einfach um – in ein drittes Gefäß, in dem sich Luft befand. Diese Luft wurde dann mit einem lauten Knall aus dem letzten Gefäß herausgedrückt. Vermutlich kein angenehmer Start in den Tag ...

Decke weg, raus aus dem Bett!

Auch Leonardo da Vinci erfand vor 500 Jahren eine Weckmaschine, die mit Wasser funktionierte. Er zapfte die Wasserleitung an, sodass Wasser in einen Behälter tropfte. War der Behälter voll und damit schwer genug, setzte er Hebel in Bewegung, die dem Schlafenden die Bettdecke wegzogen und am Bett rüttelten. Ganz schön brutal, aber immerhin nicht ganz so laut wie bei Platon.

Um vier Uhr ist die Nacht zu Ende!

1747 folgte der nächste Versuch. Levi Hutchins, ein Uhrmacherlehrling aus New Hampshire in den USA, musste morgens um vier Uhr aufstehen, um rechtzeitig zur Arbeit zu kommen. Er erfand den ersten mechanischen Wecker. Der ließ sich allerdings nicht verstellen und klingelte immer um vier Uhr früh.

Erst 100 Jahre später konstruierte der französische Erfinder Antoine Redier einen Wecker, bei dem man die gewünschte Weckzeit selbst einstellen konnte.

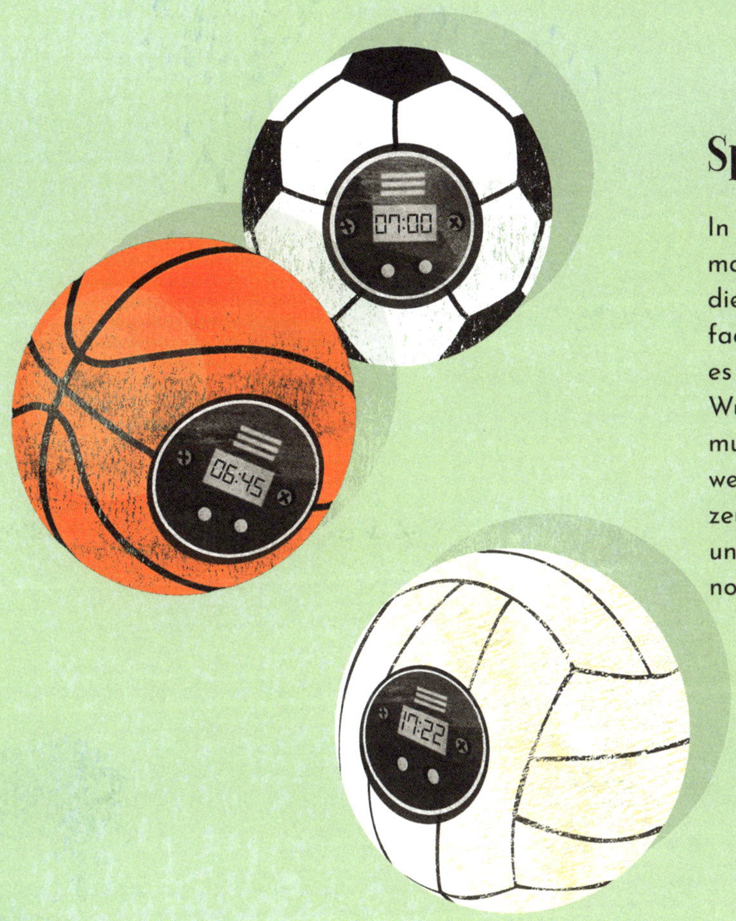

Sport vor dem Aufstehen

In der Folge sind viele weitere Weckmaschinen entstanden. Für alle Menschen, die ihre Wecker austricksen, indem sie einfach draufhauen und weiterschlafen, gibt es Spezial-Erfindungen: zum Beispiel einen Wurfwecker. Draufhauen reicht nicht. Man muss ihn schon in die Hand nehmen und wegwerfen. Macht man das nicht überzeugend genug, piept er einfach weiter und man muss aufstehen, ihn suchen und nochmal werfen. Danach ist man wach!

Ohne Ton

Übrigens machen nicht alle Wecker Krach. Schwerhörige Menschen benutzen Wecker, die an Leonardo da Vincis Konstruktion erinnern: Unter das Kopfkissen kommt ein extra Kissen, das morgens vibriert und einen wachrüttelt. Zusätzlich kann man Lichtblitze einstellen, die zur gewünschten Uhrzeit aufleuchten. Ohne Ton, aber auch ganz schön brutal.

Fang mich doch!

Gemein, aber effektiv ist auch Clocky, ein Wecker, den sich die Unternehmerin Gauri Nanda 2005 als Studentin ausgedacht hat. Clocky ist ein Wecker mit Rädern. Bleibt man beim Klingeln einen Moment zu lange liegen, springt Clocky vom Nachttisch, rast durchs Zimmer, piept laut vor sich hin und versteckt sich. Auch da hilft nur Aufstehen und Clocky unter dem Kleiderschrank hervorholen.

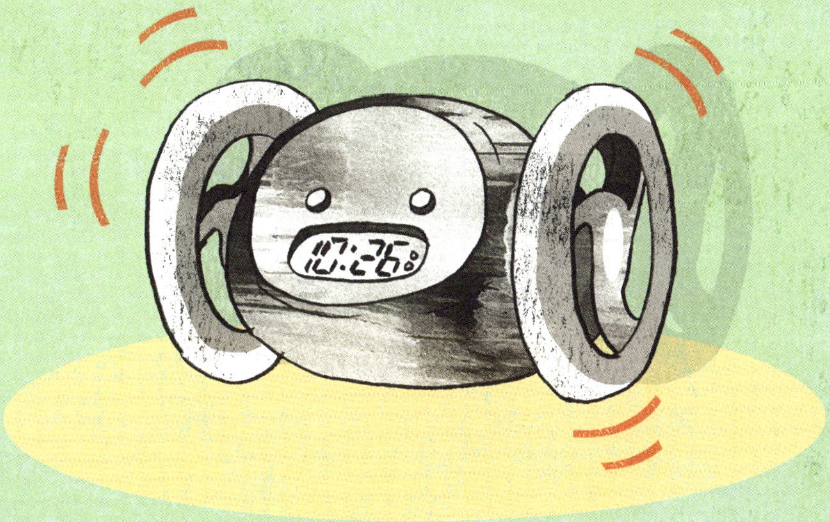

Wunder-kammern der Zeit

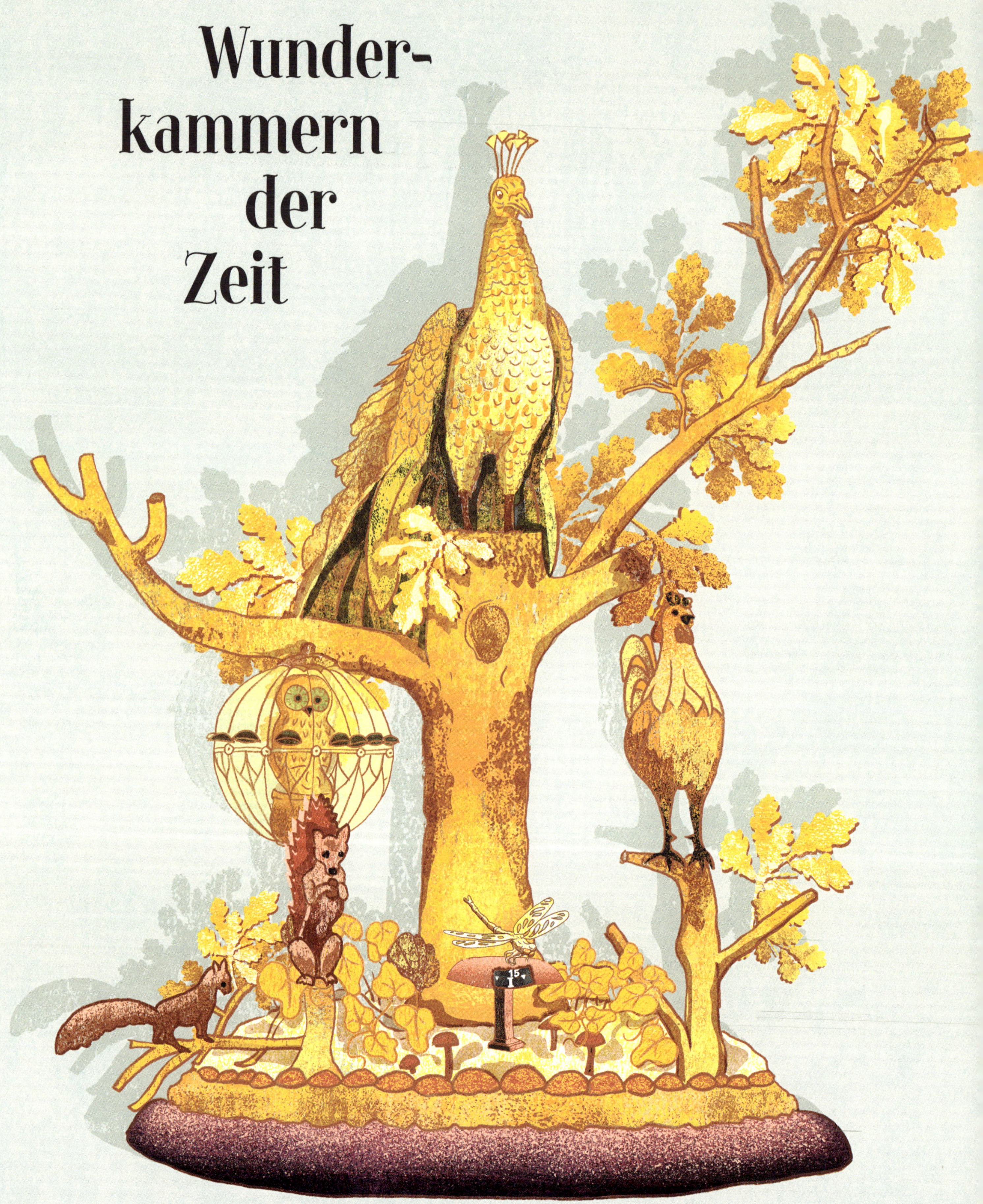

Nachdem die Menschen herausgefunden hatten, wie man die Zeit bei Wind und Wetter und ganz ohne ins Universum zu gucken messen kann, gab es kein Halten mehr. In den letzten Jahrhunderten und bis heute gab und gibt es viele ehrgeizige Projekte, für die Menschen unglaublich teure, große oder auch verrückte Uhren entwickelt haben. Manche Uhren sollten die Macht der Kirche zeigen oder die Stärke des Staates. Städte wetteiferten miteinander um den Bau des größten Uhrturms. Manche Menschen kauften sich verrückte Zeitmesser oder ließen sie sich bauen, um ihren Reichtum zur Schau zu stellen. So wie die russische Herrscherin Katharina die Große zum Beispiel, die 1781 diese Pfauenuhr kaufte, die man noch heute in Sankt Petersburg bewundern kann.

Pfauenuhr

Eigentlich gemein, dass dieser Uhr-Automat Pfauenuhr heißt. Denn etliche Tiere setzen sich hier in Bewegung für die Zeit: ein Hahn, eine Eule, ein Eichhörnchen ...
Entdeckt ihr den Pilz? Darauf versteckt sich eine kleine Libelle. Sie ist ebenfalls wichtig: Sie ist nämlich der Sekundenzeiger.
Der englische Goldschmied James Cox hat die Pfauenuhr etwa 1772 gebaut. Jeden Mittwoch klingeln und bewegen sich die Tiere.

Es scheint, dass die Zeit überall auf der Welt Menschen anregt, sie auf immer neue und fantasievolle Weise zu messen und zu verkünden. Hier im Buch hast du ja schon einige besondere Zeitmesser gesehen. Ein paar weitere stehen im Setzkasten auf der nächsten Seite. Natürlich gibt es noch viele, viele mehr. Welche gefällt dir am besten?

Big Ben

16 Pferde mussten 1859 den Wagen mit der dicken, fetten Stundenglocke nach London ziehen. Das hat sich aber gelohnt. Schließlich wurden die Glocke mit dem Spitznamen Big Ben und ihr Uhrenturm super berühmt. Nach dem Läuten von Big Ben stellen Millionen von Menschen überall auf der Welt ihre Uhren.

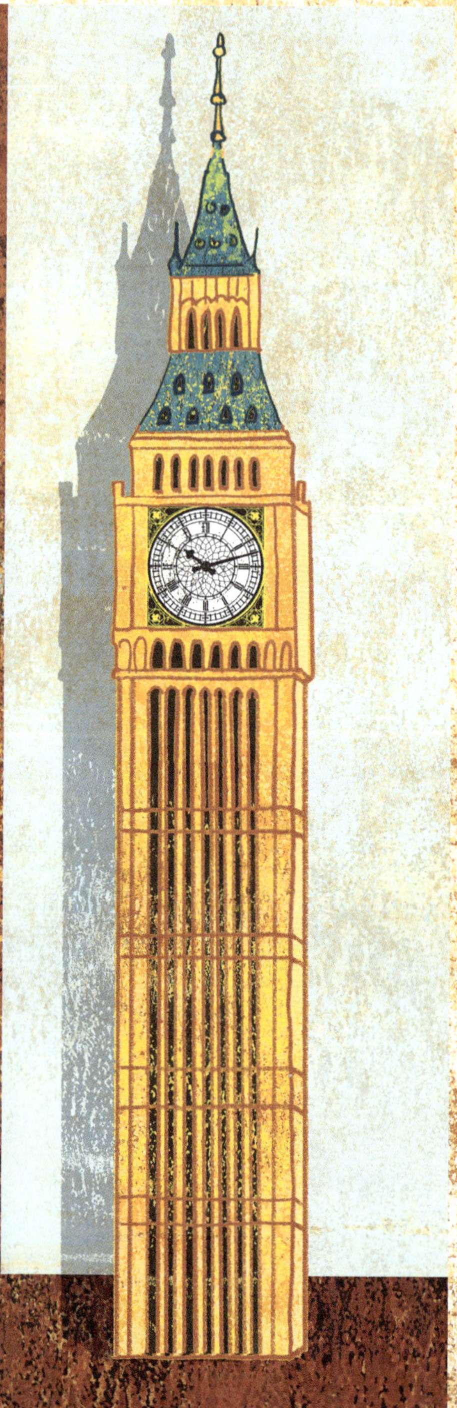

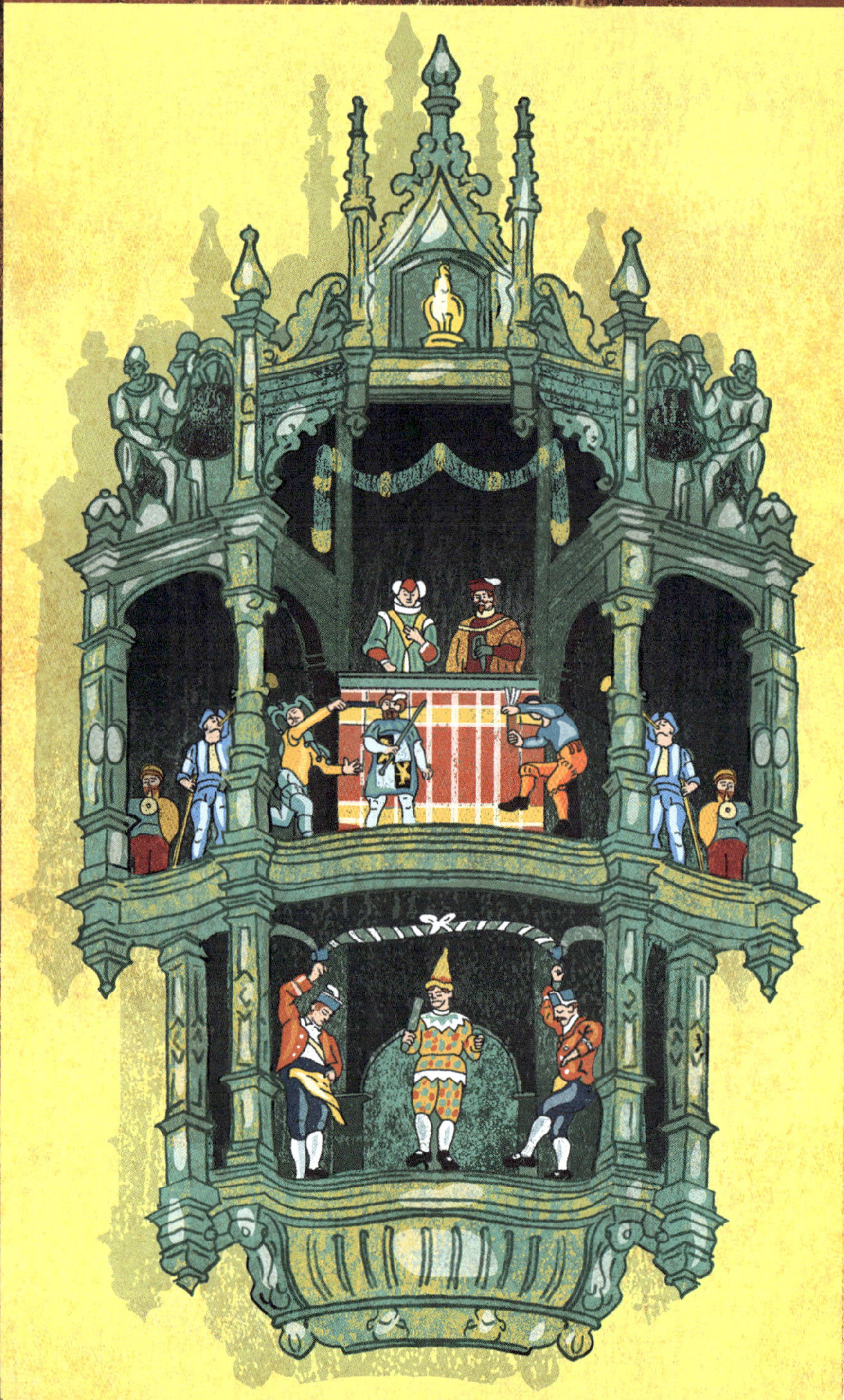

Glockenspiel am Rathaus München

43 Glocken läuten, 32 Figuren tanzen und feiern mit dem Schäfflertanz das Ende der Pest seit Jahrhunderten jeden Mittag um 11 und 12 Uhr am Neuen Rathaus in München.

Kuckucksuhr

Eigentlich sollte es ein Wecker werden, der wie ein Hahn kräht. Aber ein Kuckucksruf war einfacher als Hahnengeschrei. Seit dem 18. Jahrhundert bauen die Schwarzwäldler Kuckucksuhren. Ein Häuschen, eine Tür, ein Ziffernblatt und ein Kuckuck sind immer dabei.

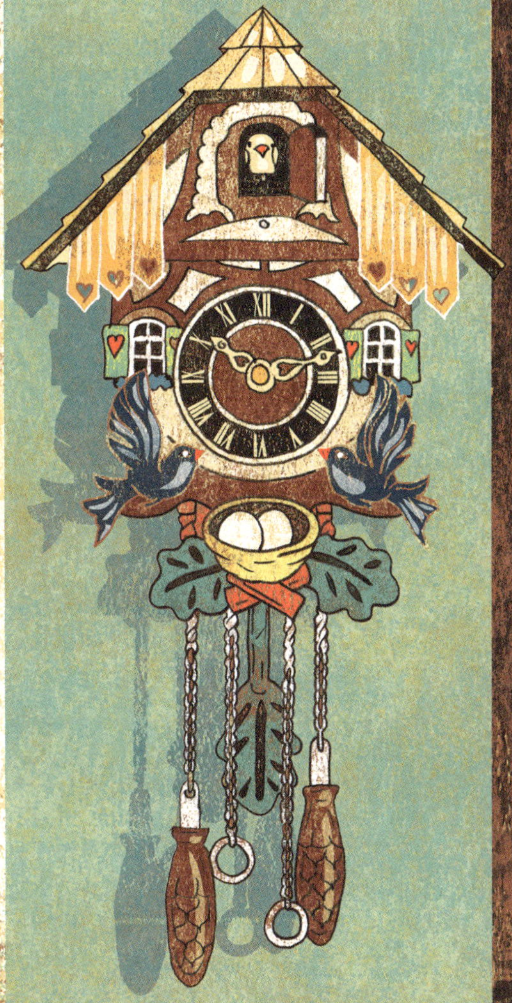

Balmoral Hotel, Edinburgh

Seit 1902 geht diese Turmuhr falsch. Um genau drei Minuten. Und zwar mit Absicht. Damit Reisende ihren Zug kriegen. Nur an Silvester stellt man die Uhrzeit kurz richtig ein, um das neue Jahr pünktlich zu beginnen.

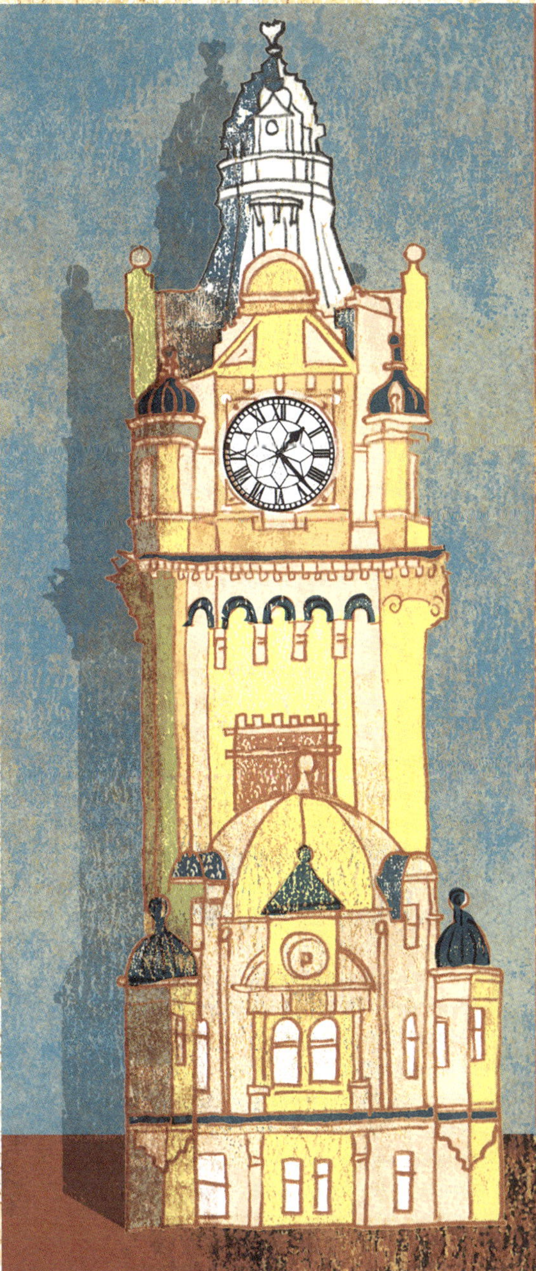

Mittagskanone

Auf einem Berg hoch über dem Hafen von Kapstadt in Südafrika stehen zwei Kanonen. Seit 1806 wird jeden Mittag um 12 Uhr eine gezündet. So weiß man, wann Mittag ist. Die andere Kanone ist Ersatz. Falls mal was schiefgeht. Lange stellten die Kapitäne auf den Schiffen, die die Südspitze Südafrikas passierten, ihre Uhren nach der Zeitkanone.

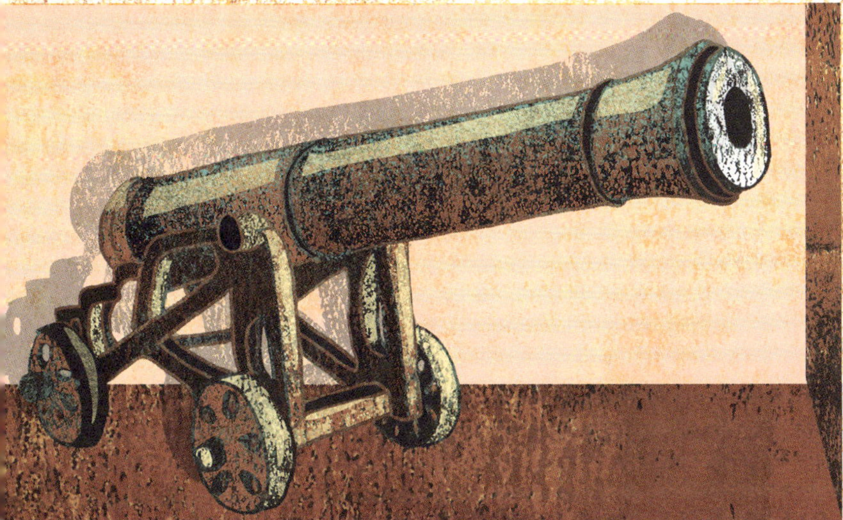

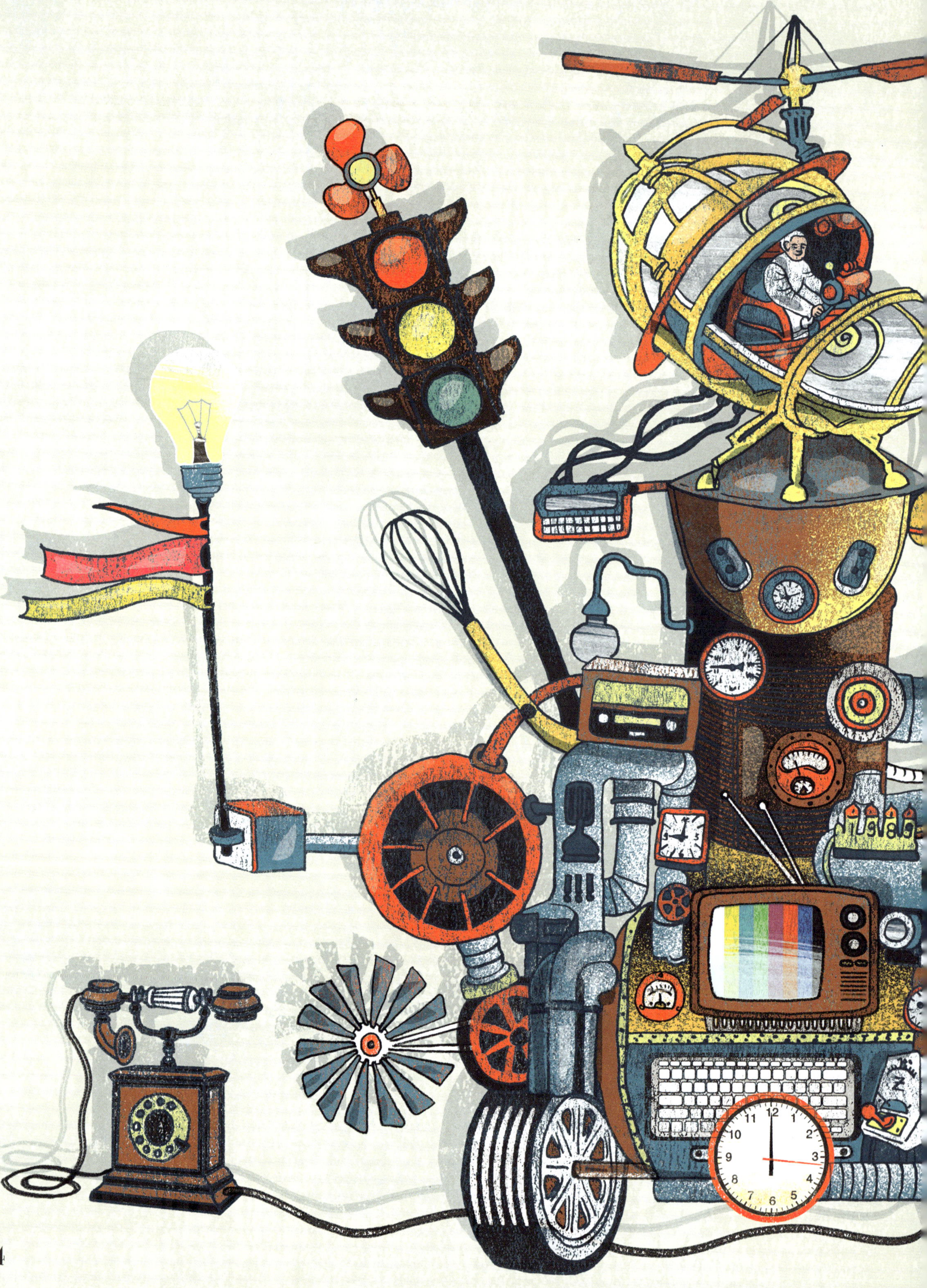

Reisen durch die Zeit

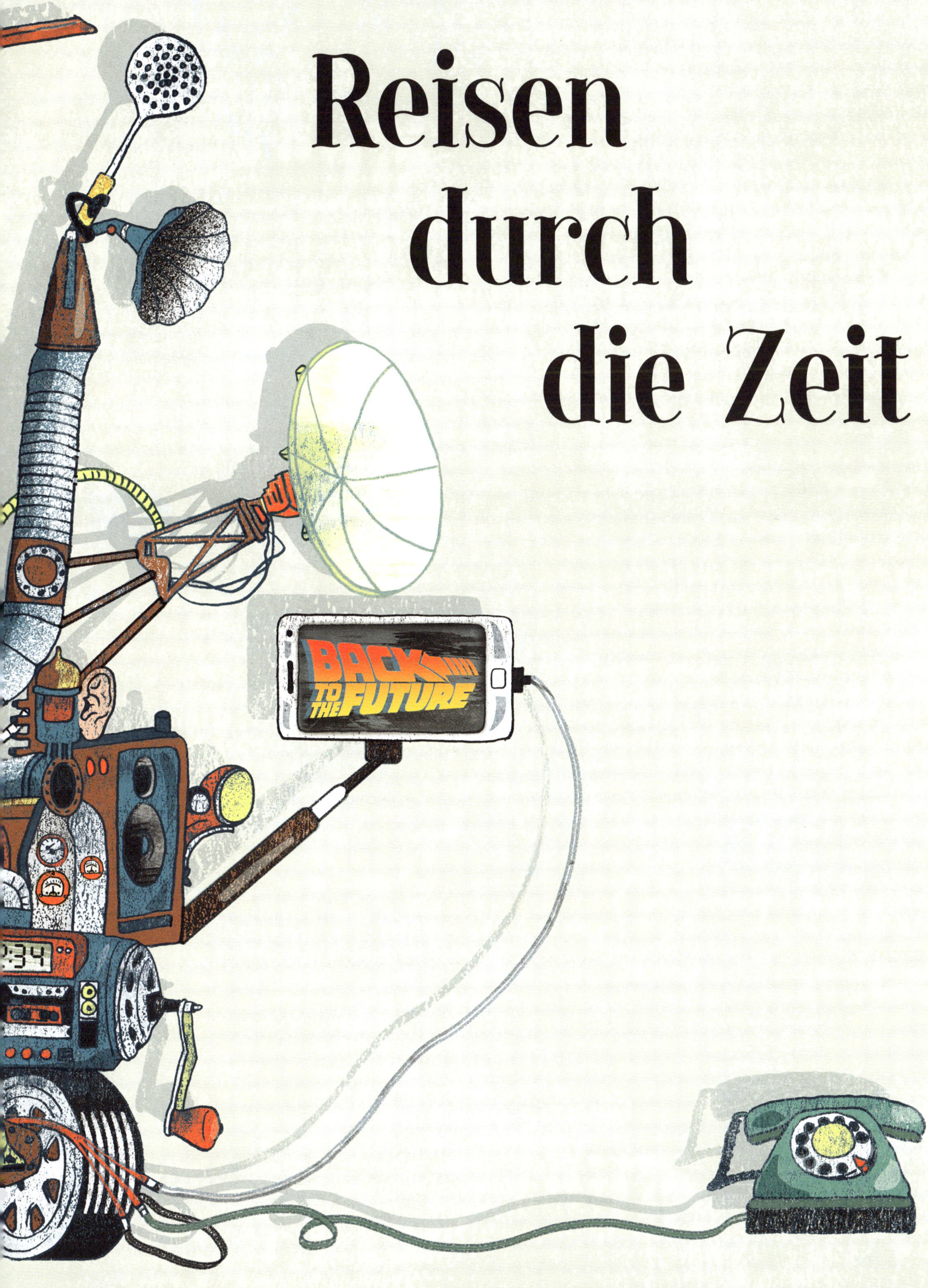

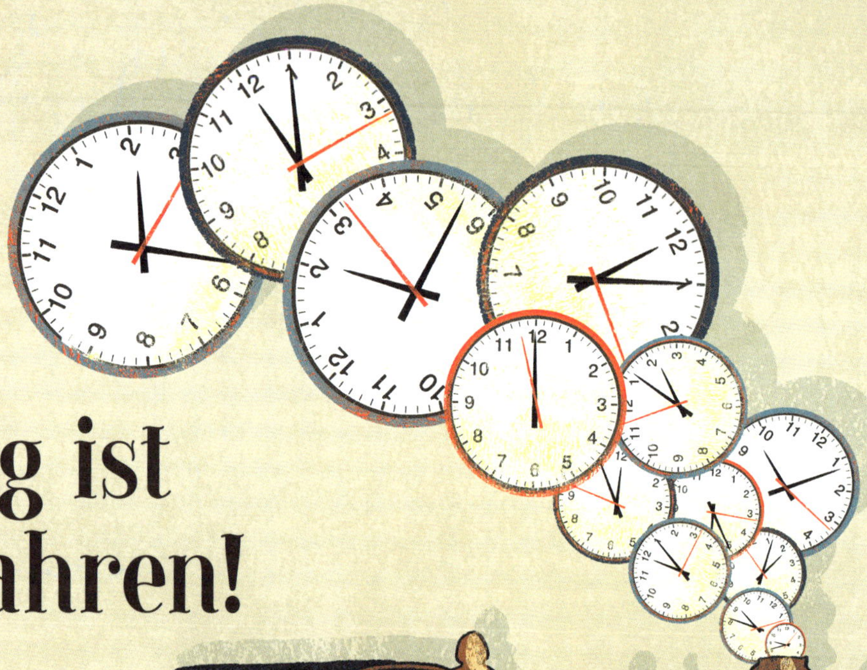

Der Zug ist abgefahren!

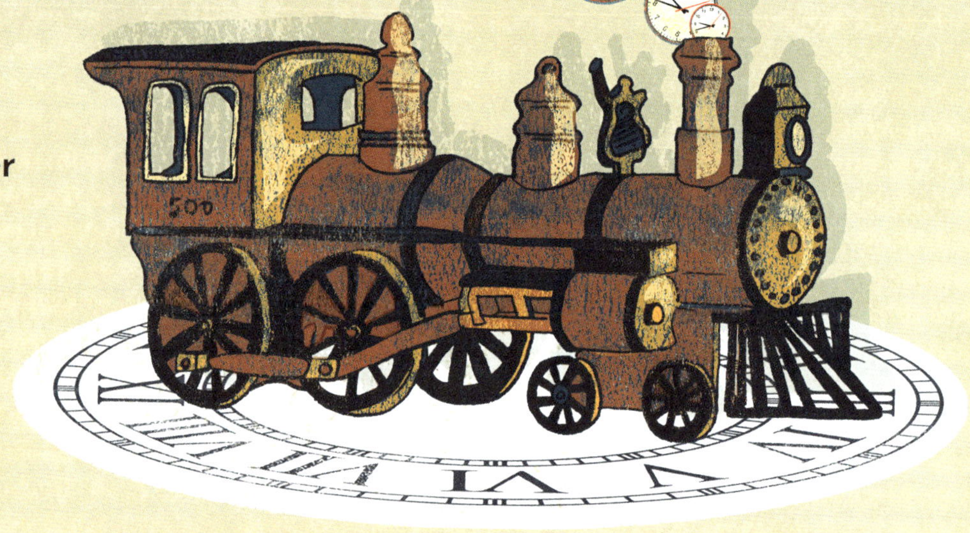

Wenn man früher zu spät nach Hause kam, hatte man immer eine gute Ausrede. Besonders, wenn man im Nachbarort gewesen war: »Als ich bei Oma losgegangen bin, war es noch gar nicht so spät!« Da konnte man nichts gegen sagen. Denn bis zum Ende des 19. Jahrhunderts hatten Städte und Dörfer je ihre eigene Zeit. Weit lagen die zwar nicht auseinander, aber hier zwölf, dort sieben, um die Ecke neun Minuten - da musste man es nicht so genau nehmen. Außerdem zählten manche Orte die Stunden ab Mitternacht, manche ab Sonnenaufgang, manche ab Mittag. Alles erstmal kein Problem.

Eisenbahn- gegen Sonnenzeit

Aber dann kamen die Eisenbahnen – und mit ihnen die Probleme. Manchmal kamen sie früher an, als sie losgefahren waren. Dann wiederum war mehr Zeit vergangen, als sie eigentlich gefahren waren. Weil eben die Uhren überall anders gingen. Also legten die Eisenbahn-Organisatoren ihre eigene Zeit fest. Und schrieben die Fahrpläne danach. Besonders praktisch war das allerdings nicht, und es passierten viele Fehler: Reisende verpassten ihre Züge und Eisenbahnen krachten ineinander, weil man sich mit den Zeiten vertan hatte.
An sich war die Sache mit den unterschiedlichen Ortszeiten übrigens völlig logisch. Man orientierte sich nämlich am Stand der Sonne. Und da die Sonne zum Beispiel im Osten Deutschlands eine halbe Stunde früher aufgeht als im Westen, waren auch die Uhren im Osten eine halbe Stunde weiter. Das half aber den Eisenbahnern nicht. In Nordamerika war die Sache noch komplizierter, weil die Sonnenzeiten auf diesem großen Kontinent um mehrere Stunden auseinanderliegen. Und es gab viele verschiedene Eisenbahn-Unternehmen, die alle ihre eigene Zeit hatten.

Die Aufteilung der Welt

Nachdem der kanadische Eisenbahn-Ingenieur Sandford Fleming 1876 selbst mal wieder den Zug verpasst hatte, reichte es ihm. Er überlegte sich eine Lösung. Gleich für die ganze Welt. Auf einem internationalen Kongress schlug er vor, die Welt in 24 Zeitzonen aufzuteilen. Jede Zeitzone kriegte eine Breite von 15 Längengraden. Und jede der 24 Zonenzeiten sollte sich von der nächsten um eine Stunde unterscheiden. Das war schlau gedacht. So wurden die verschiedenen Sonnenaufgangszeiten berücksichtigt und gleichzeitig das Zeiten-Chaos abgeschafft. 1884 einigte man sich dann in Washington noch darauf, dass die Mitte der Welt durch Greenwich in London laufen sollte, und damit war die Sache geregelt. Bis heute. Nur wenige Länder weichen aus politischen Gründen von der Zeitzonen-Zeit ab.

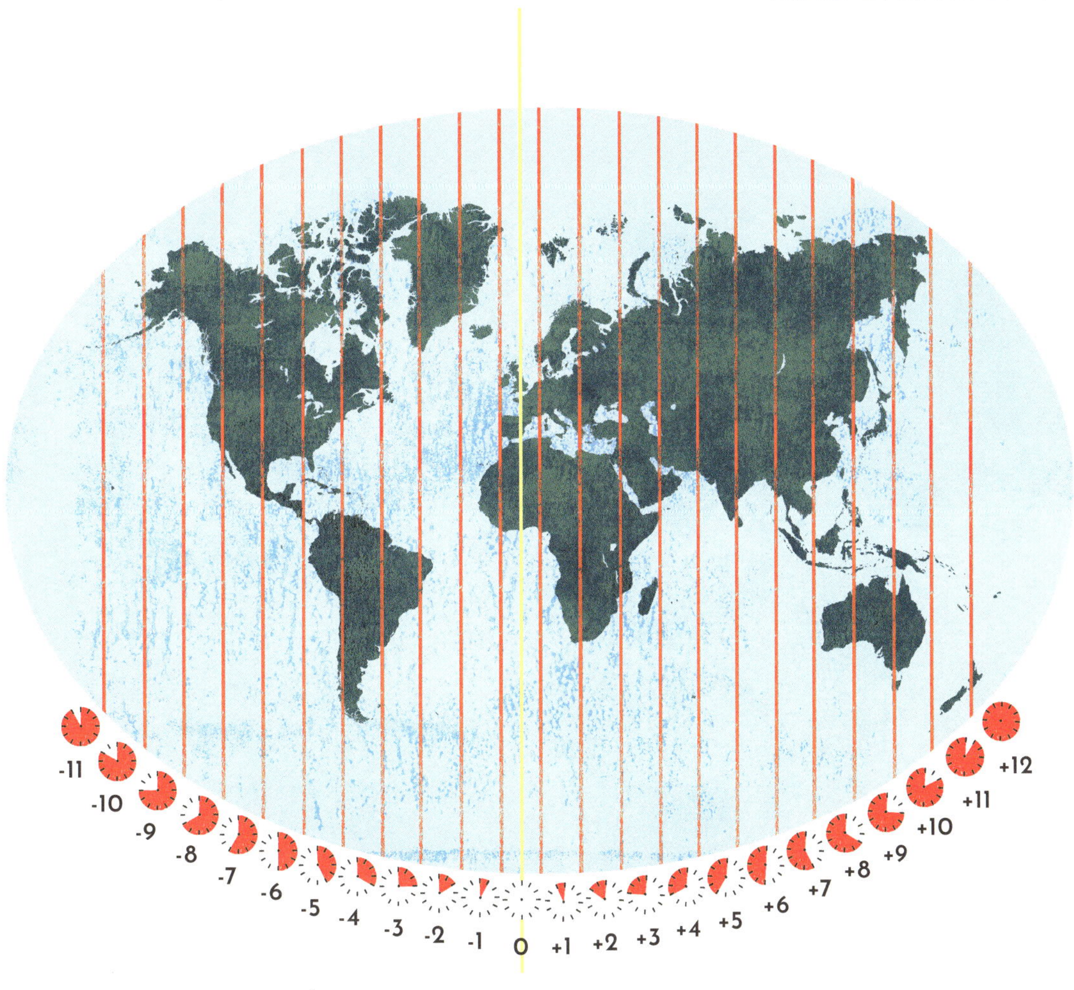

Zeit regiert die Welt im Sekundentakt

Klar, das machte schon Sinn mit der Vereinheitlichung der Zeit. Überhaupt wurde die Zeit Ende des 19. Jahrhunderts immer wichtiger. Und ganz schön mächtig! Plötzlich war es vorbei mit dem Arbeiten nur bei Tage. Es gab ja künstliches Licht. Ab diesem Moment wird Pünktlichkeit fast zu einer Art Religion. Wer nicht pünktlich ist, stiehlt anderen die Zeit und ist ein schlechter Mensch – behaupten jedenfalls die, die mit der Zeit anderer Geld verdienen.

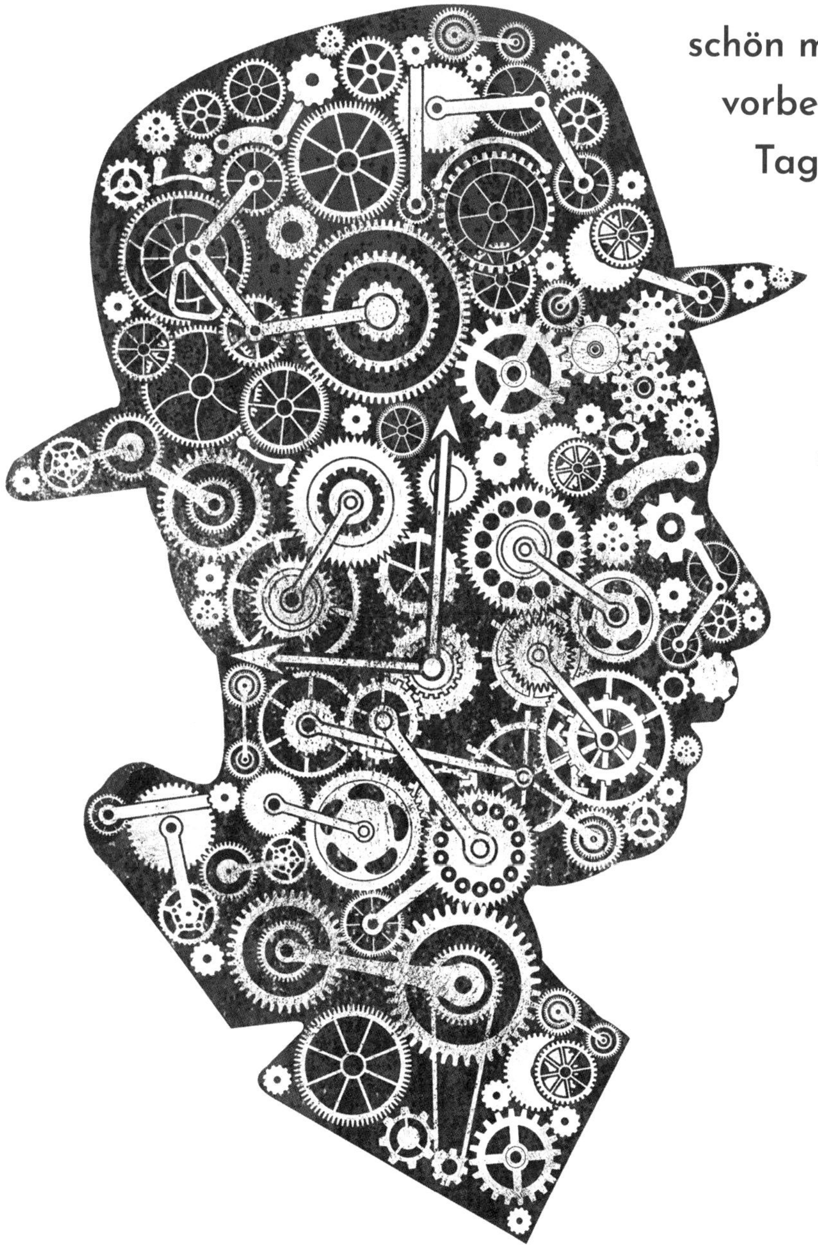

Kontrolle durch Zeit

Sekundengenaue Zeitmesser eigneten sich hervorragend dafür, Menschen zu kontrollieren. 1887 wurde die Stechuhr erfunden, mit der sich haargenau erfassen ließ, wer wann zur Arbeit kam, wer wie lange Pause machte und wer wann aufhörte zu arbeiten. Die Zeitrechnung der Fabriken begann, in der nur zählte, wie lang bzw. kurz man brauchte, um mit einem Stück Arbeit fertig zu werden. Damit die teueren Maschinen pausenlos liefen, wurde rund um die Uhr gearbeitet. Manche Menschen mussten also die Nacht durcharbeiten – auch wenn das gegen ihre innere Uhr lief.

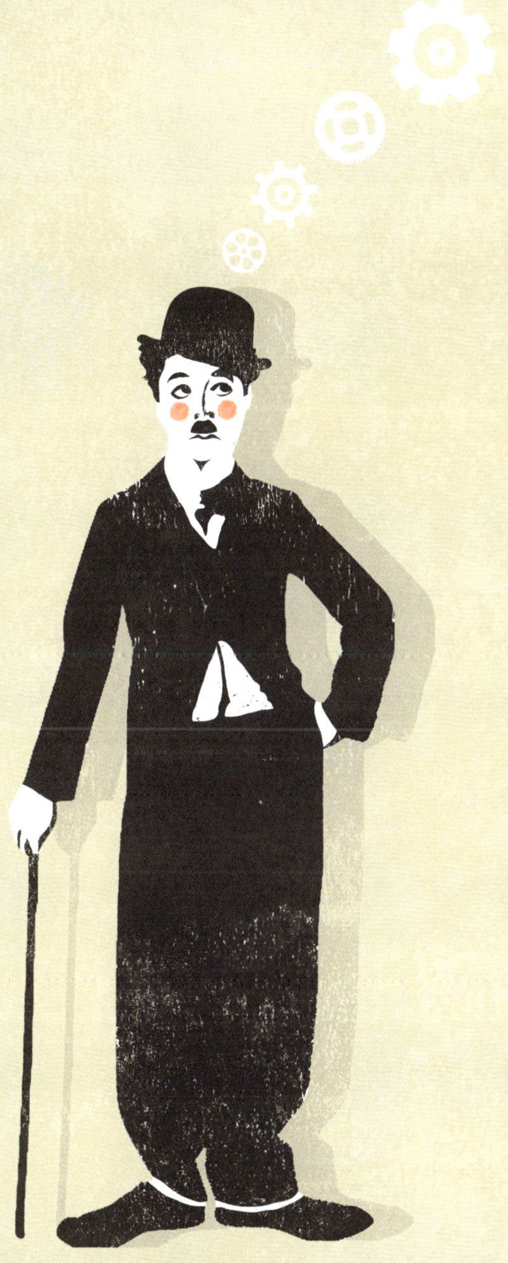

Charlie Chaplin macht sich in seinem Film *Moderne Zeiten* über die Kontrolle der Menschen durch Stech- und Stoppuhren lustig.

Schraube drehen: 0,04 Minuten

Ein Mensch namens Frederick Taylor machte sich daran, die einzelnen Aufgaben bei der Herstellung von Produkten auseinanderzunehmen. Und zwar in Mini-Details wie Schritt 1: Schraubenschlüssel in die Hand nehmen, Schritt 2: Schraube festziehen etc.
Mit der Stoppuhr legte er für jeden winzigen Schritt eine maximale Zeit fest, die er dauern durfte. Genau so mussten es dann alle Arbeiter machen. Dass das wahnsinnig langweilig war und die Leute krank machte, interessierte die Fabrikbesitzer nicht. Sie verdienten mit diesem Arbeitsmodell sehr gutes Geld.

Zeiterfassung

Lange wurde in vielen Fabriken nach dem Prinzip von Taylor gearbeitet. Bis man für immer mehr Arbeiten ohnehin keine Menschen mehr brauchte, sondern Maschinen einsetzte. In wohlhabenden Ländern lehnen viele Menschen die strenge Kontrolle durch Stechuhren heutzutage ab.
Allerdings gibt es in vielen Unternehmen heute digitale Zeiterfassung: Chipkarten sammeln die Daten der Mitarbeiterinnen und Mitarbeiter. Noch immer hält man vielerorts die Menschen für besonders fleißig, die besonders lange arbeiten. Dabei kommt es doch eigentlich nicht darauf an, wie lange man am Schreibtisch sitzt, sondern darauf, was man schafft. Und Menschen, die nicht nur an die Uhr, sondern auch an das Leben von sich und anderen denken, haben mehr davon.

Wie funktioniert das denn jetzt in echt mit der Zeit?

Uhrmacher, Eisenbahner, Fabrikbesitzer waren nicht die Einzigen, die sich für die Zeit interessierten. Philosophen beschäftigten sich von Anfang an mit ihr. Es gehört sozusagen zu ihrem Job, sich Gedanken darüber zu machen, wie Zeit wohl funktioniert. Der Philosoph und Theologe Augustinus fand das vor 2000 Jahren schon nicht so einfach: »Was also ist die Zeit? Wenn niemand mich danach fragt, weiß ich's, will ich's aber einem Fragenden erklären, weiß ich's nicht.« In den letzten Jahrhunderten lieferten sich manche Mathematiker und Physiker regelrechte Kämpfe um die Zeit. Diese Auseinandersetzungen dauern bis heute an und sind großartig. Denn durch sie gewinnen wir neue Erkenntnisse und Erfindungen.

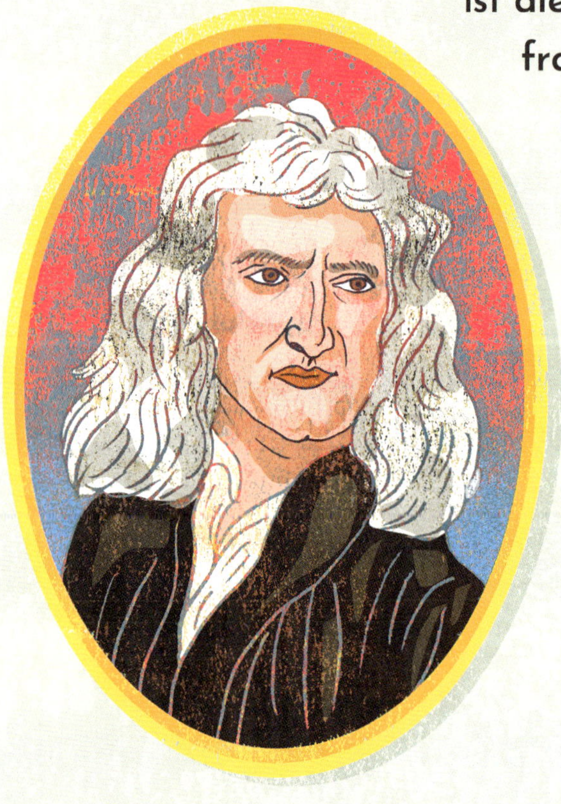

Isaac Newton, 1642-1726

Zeit? Absolut!

Einer, der sicher kein angenehmer Streitpartner war und immer behauptete, alle würden von ihm abschreiben, war Isaac Newton. Aber er war ein begnadeter Forscher, der sich für unglaublich viele verschiedene Sachen interessierte. Zum Beispiel für das Licht. Er fand heraus, dass es aus unterschiedlich langen Wellen besteht. Diese Erkenntnis nutzte er, um ein richtig gutes Teleskop zu bauen. Damit beobachtete er die Sterne und entwickelte eine Theorie über die Anziehungskraft der Erde, für die er bis heute berühmt ist.
Außerdem behauptete Newton, dass es eine absolute Zeit gibt, die überall auf der Welt gleich schnell vergeht. Er hoffte darauf, dass es irgendwann so genaue Uhren geben würde, dass sie seine Theorie beweisen könnten. Man hat ihm auch ohne die Uhren lange geglaubt. Weil es sich nämlich im Alltag so anfühlt, als würde die Zeit immer gleichmäßig schnell vergehen, egal, wo man sich gerade befindet. Es würde Newton wahrscheinlich freuen zu wissen, dass es diese extrem genauen Uhren heute gibt. Aber es würde ihn vermutlich auch sehr ärgern, dass sich mit diesen Atomuhren nachweisen lässt, dass seine Theorie von der absoluten, universell gleichen Zeit falsch ist.

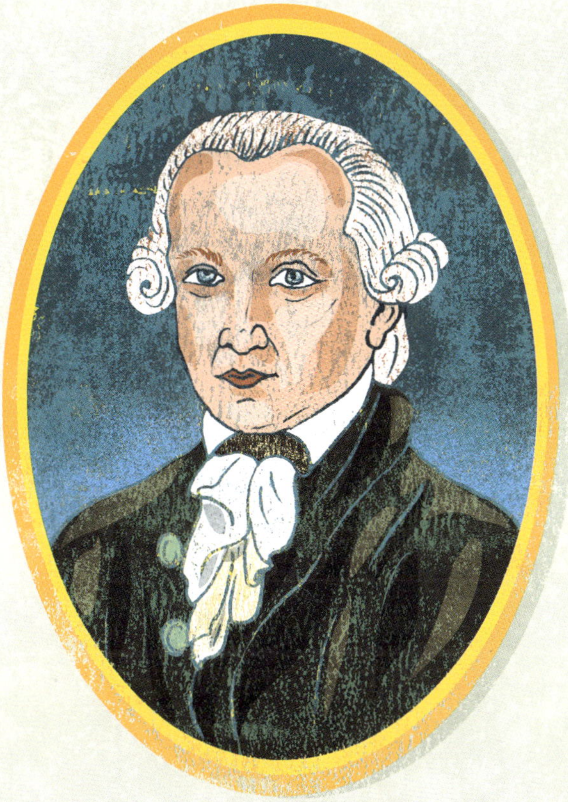

Immanuel Kant, 1724–1804

Angeborene Denkvorrichtung

Der Philosoph Immanuel Kant hatte eine ganz andere Vorstellung von der Zeit. Für ihn war die Zeit nichts, was außerhalb von uns existierte, sondern eine Denkvorrichtung, die zum Menschen dazugehört. Wir machen uns zwar normalerweise keine Gedanken über die Zeit, aber ohne sie könnten wir überhaupt nicht denken, sagt Kant. Unsere Zeitvorstellung ist für ihn so etwas wie eine angeborene Brille, durch die wir auf die Welt schauen und alles in Vergangenheit, Gegenwart und Zukunft ordnen. Eine unveränderliche Bedingung unserer Wahrnehmung: Wir können diese Brille nicht wegdenken, dazu ist unser Verstand nicht in der Lage.

Ungleichzeitige Blitze und krumme Sachen

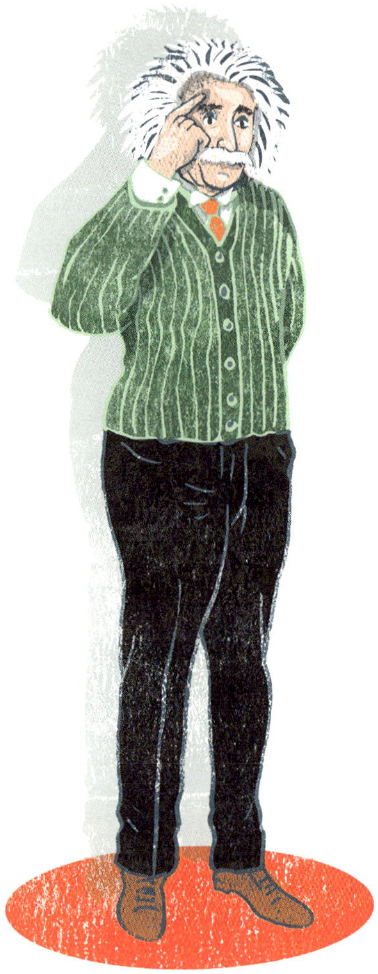

Albert Einstein, 1879–1955

1905 erkannte Einstein in seiner sogenannten »Speziellen Relativitätstheorie«, dass das Einzige, was immer gleich bleibt, die Lichtgeschwindigkeit ist. Sie bewegt sich mit ungefähr 300 000 Kilometern pro Sekunde. Schneller geht nicht.

Also, Newton sagt: Eine Stunde ist eine Stunde, für jeden, egal wo sie oder er gerade ist. Ob ich in der Schule auf dem Berg eine Stunde Zeit für die Mathearbeit habe oder unten im Tal, die Zeit ist überall gleich. So dachten das auch die Mathelehrer bis Anfang des 20. Jahrhunderts. Und dann kam Einstein. Schon als Schüler konnte sich Albert Einstein die abgefahrensten Sachen vorstellen. Phänomene, die man auf der Erde gar nicht spüren kann. Zum Beispiel, wie es wohl wäre, mit Lichtgeschwindigkeit neben einem Blitz herzulaufen. Durch seine ungeheure Vorstellungskraft, kombiniert mit mathematischen Berechnungen, fand er heraus, dass es keine unveränderliche, immer gleich schnell verstreichende Zeit gibt.

Relative Gleichzeitigkeit

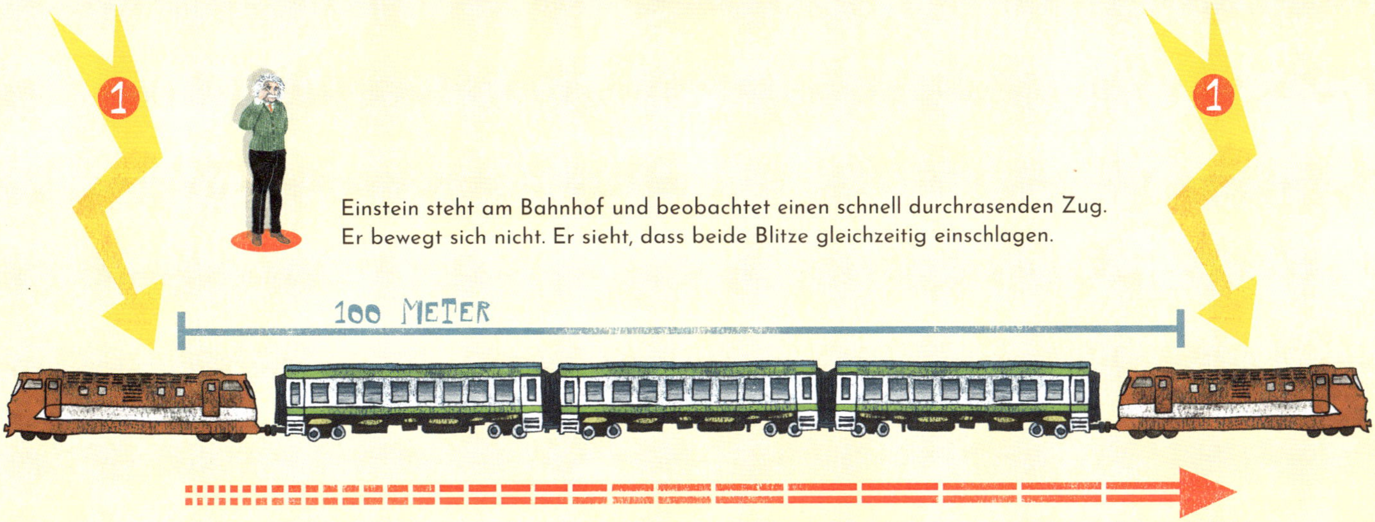

Einstein steht am Bahnhof und beobachtet einen schnell durchrasenden Zug. Er bewegt sich nicht. Er sieht, dass beide Blitze gleichzeitig einschlagen.

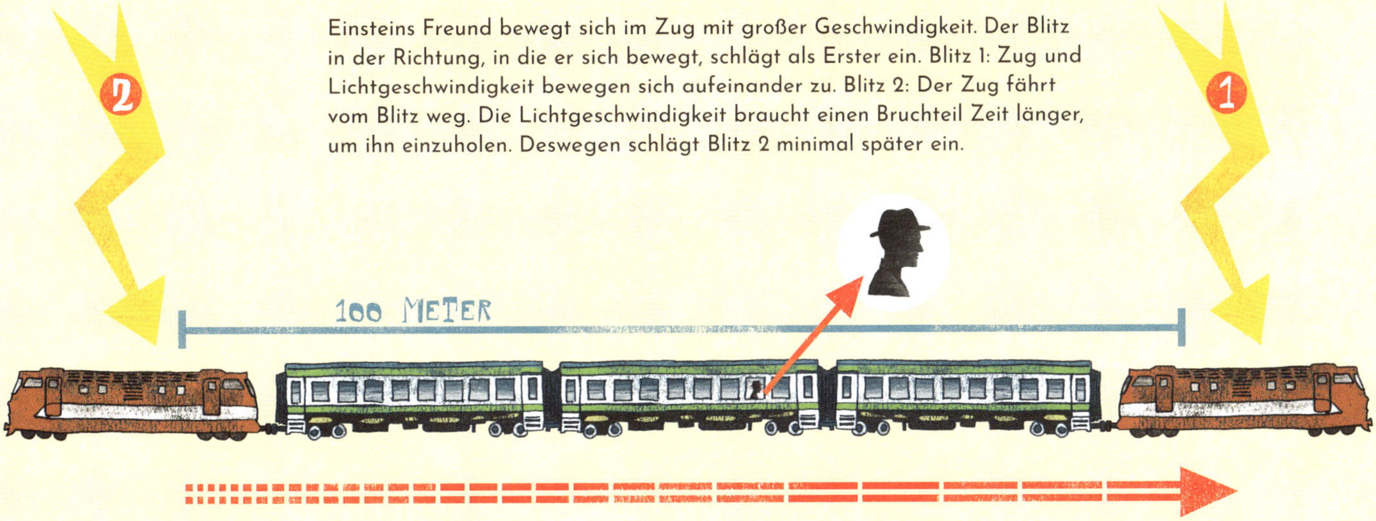

Einsteins Freund bewegt sich im Zug mit großer Geschwindigkeit. Der Blitz in der Richtung, in die er sich bewegt, schlägt als Erster ein. Blitz 1: Zug und Lichtgeschwindigkeit bewegen sich aufeinander zu. Blitz 2: Der Zug fährt vom Blitz weg. Die Lichtgeschwindigkeit braucht einen Bruchteil Zeit länger, um ihn einzuholen. Deswegen schlägt Blitz 2 minimal später ein.

Sowohl Einstein als auch sein Freund haben mit ihrer Beobachtung Recht. Aus diesem Gedankenexperiment folgert Einstein, dass Zeit abhängig ist von der Geschwindigkeit, mit der sich ein Körper bewegt. Gleichzeitigkeit ist daher etwas relatives. Auf so eine Idee muss man erst mal kommen. Und zwar schon 1905. Hut ab! Aber was ist jetzt mit den beiden Schulklassen, die auf dem Berg und unten im Tal eine Stunde Mathearbeit schreiben? Haben die einen mehr Zeit als die anderen?

Zeit und Raum

Für die Schule oben auf dem Berg geht die Stunde tatsächlich minimal schneller vorbei, weil sie höher liegt. Allerdings handelt es sich um das Millionstel einer Sekunde – deswegen kann man sich schlecht bei der Lehrerin beschweren. Flöge die Klasse allerdings mit einem irre schnellen Raumschiff durch den Weltraum, sähe die Sache anders aus. Die Stunde im Raumschiff würde langsamer vergehen als die Stunde auf der Erde. Die Klasse auf der Erde hätte dann eventuell schon zwei Stunden Mathearbeit geschrieben, während die Raumschiff-Klasse nur eine Stunde unterwegs war.

Krumme Zeit

Zehn Jahre nach der Speziellen Relativitätstheorie findet Einstein heraus, dass die Zeit krumme Sachen macht. Zeit und Raum werden nicht nur durch Bewegung oder Geschwindigkeit verändert, sondern auch durch Materie. Man kann sich die Raumzeit als dehnbares Netz vorstellen und die Masse als Ball, der eine Delle in das Netz drückt und so eine »Raumzeitkrümmung« erzeugt. Wie jetzt?

1 Also, stell dir vor, die Sonne ist ein großer Ball, den man auf ein Trampolin packt. Was passiert? Genau, sie bildet eine Kuhle. Genau so ist das bei der Raumzeit auch. Sie krümmt sich.

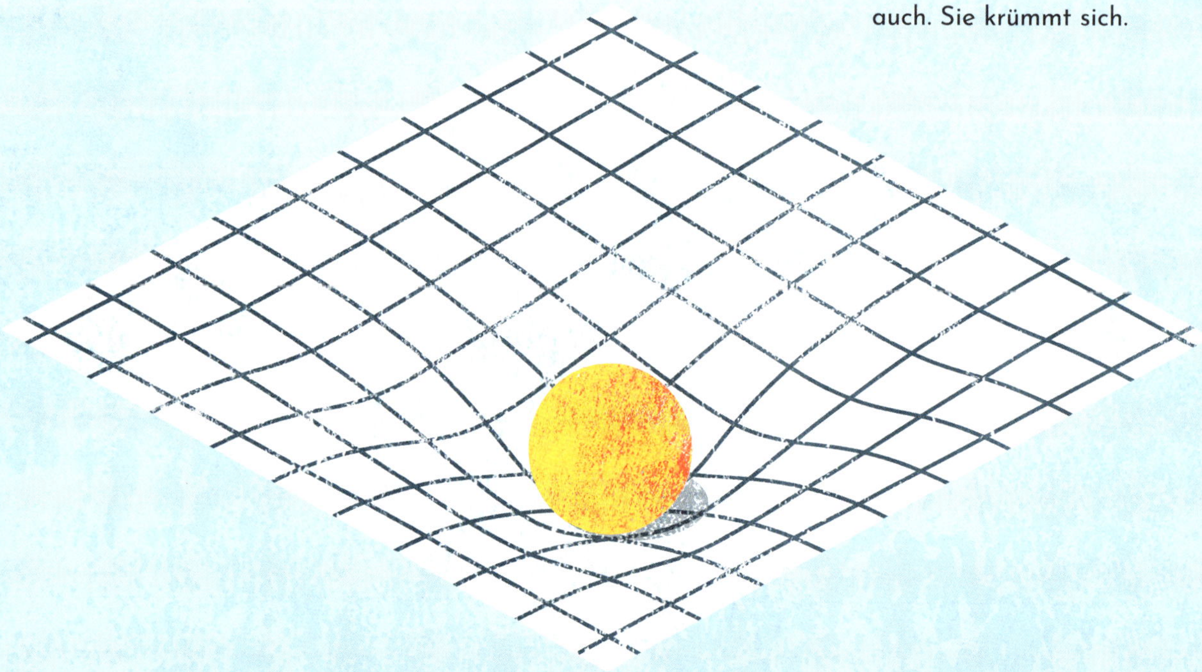

2 Wenn sich jetzt ein Planet in der Nähe der Sonne aufhält, wie die Erde zum Beispiel, muss er genügend Geschwindigkeit mitbringen, um nicht in die Sonne zu stürzen.

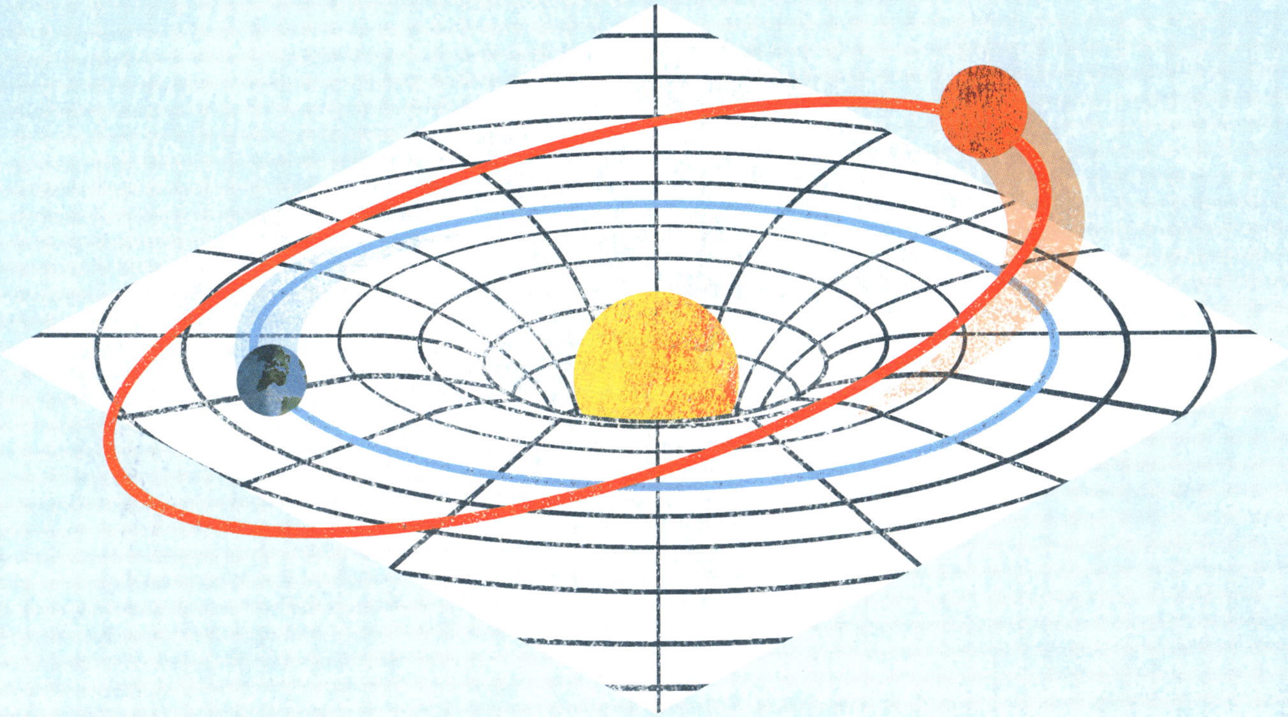

Nützliche Krümmung

Die Sache mit der gekrümmten Raumzeit nennt man Einsteins »Allgemeine Relativitätstheorie«. Ein ziemlicher Geniestreich! Denn ohne sie gäbe es kein Navi, das im Auto verkündet: »Kehren Sie sofort um.« Navigationsgeräte bekommen ihre Informationen aus dem All, von Satelliten, die sie anfunken und die den Abstand zu ihnen berechnen. Da die in 20000 Kilometer Höhe um die Erde fliegen, muss die gekrümmte Raumzeit immer mitberechnet werden, sonst würde das Navi uns völlig in die Irre führen.

Kraft der Anziehung

Newton dachte, die Körper würden sich gegenseitig anziehen. Einstein hingegen sagte, dass die gekrümmte Raumzeit die Ursache für die Anziehungskraft ist. Heute weiß man, dass Einstein Recht hatte. Es liegt an der Krümmung der Raumzeit, dass die kleine blaue Kugel sich genau so um die große Kugel dreht.

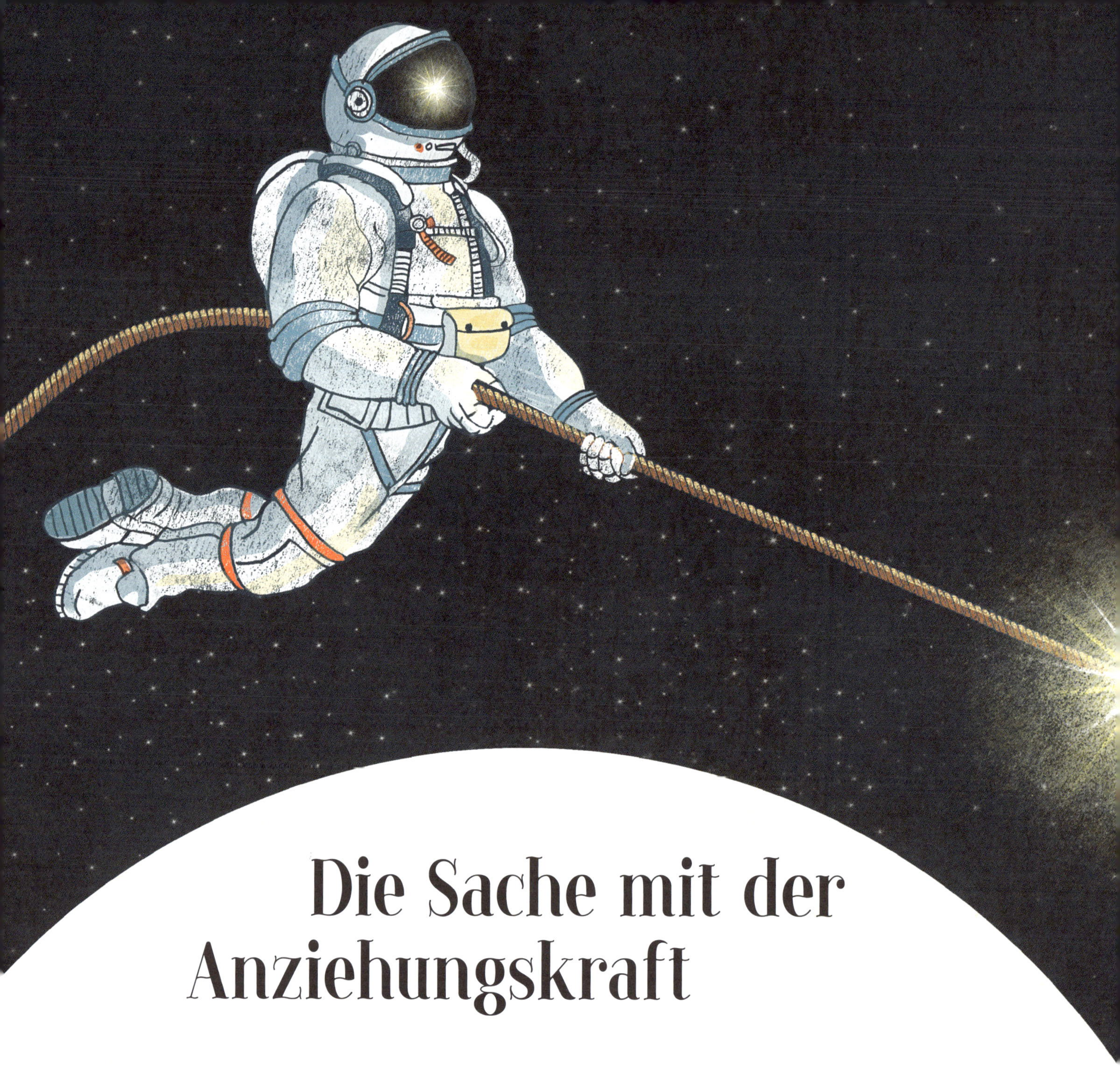

Die Sache mit der Anziehungskraft

Einstein vermutete auch als einer der ersten Physiker, dass das Universum nicht schon immer so war, wie es heute ist. Früher stellte man sich das Universum als ein riesiges Modell vor, in dem alle Planeten und Sterne ihre immer gleichen Bahnen umeinander ziehen. Einstein fand heraus, dass die Planeten des Universums genau wie die Bewohner der Erde dauernd miteinander in Aktion sind. Dass Anziehungskräfte Sterne von ihrer eigentlichen Bahn ablenken. Wegen der großen Masse der Sterne und der Krümmung der Raumzeit ändert sich im Universum ständig etwas.

Sterbender Stern

Die moderne Physik hat herausgefunden, dass in einem Stern zwei Kräfte gegeneinander wirken. Da ist zum einen die Gravitation, die Anziehungskraft, die auf der Erde dafür sorgt, dass das Glas mit Orangensaft, wenn ich es loslasse, auf den Boden fällt. Sauerei! Die Eigengravitation der Sterne ist tatsächlich eine ziemliche Sauerei. Sie drückt so sehr nach innen, dass der Stern unter ihrem Druck zusammenfallen würde.

Gäbe es nicht im Innersten der Sterne eine Energie, die durch Kernfusion erzeugt wird. Diese Strahlung tut genau das Gegenteil: Sie drückt nach außen. Lange halten sich Anziehungskraft und die Strahlung in Schach – wie zwei gigantische, gleich starke Riesen. Aber irgendwann ist der Brennstoff im Inneren der Sterne verbraucht. Es wird keine Strahlung mehr produziert. Die Gravitation gewinnt: Sie drückt widerstandslos nach innen, der Stern fällt in sich zusammen.

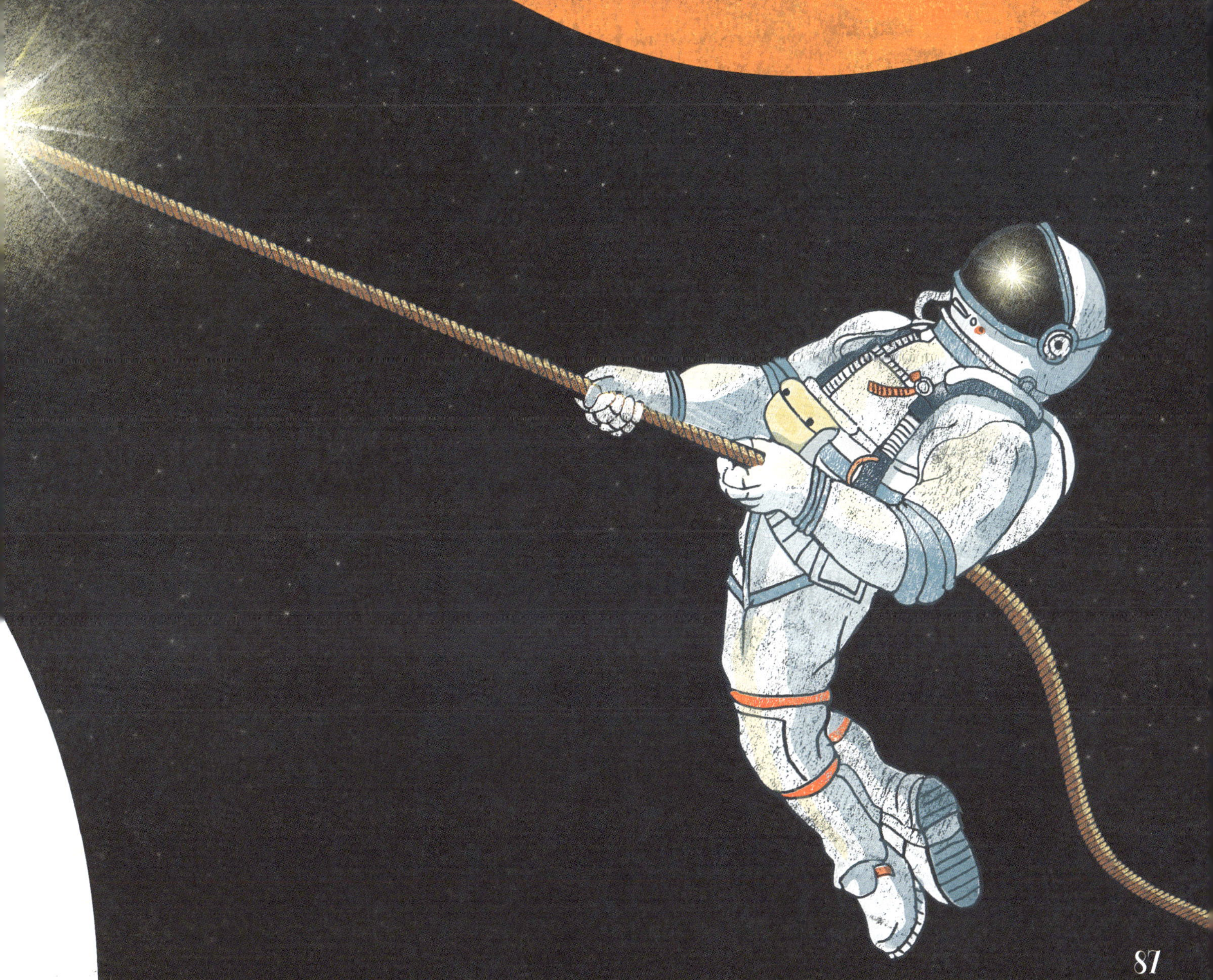

Weißer Zwerg

Das ist schon vielen kleinen Sternen passiert. Es klingt krass, aber aus der Perspektive des Universums ist das nicht weiter schlimm. Kleine Sterne fallen einfach in sich zusammen. Und existieren weiter als zusammengeschrumpfte Masse: Man nennt sie »Weiße Zwerge«.

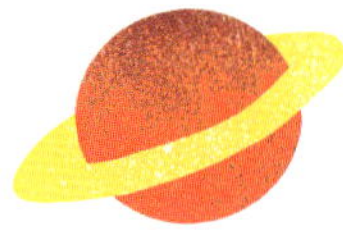

Aus toten Riesensternen …

Es gibt aber andere, sehr viel größere Sterne. Echte Klopper. Mit achtmal mehr Masse als die Sonne. Und wenn diese Sterne sterben, hat das Universum ein Problem. Beziehungsweise, es ändert sich dann eine Menge. Denn diese toten Riesensterne werden Schwarze Löcher. Und Schwarze Löcher sorgen für Action im Universum …

werden Schwarze Löcher

Die toten Sterne verfügen immer noch über eine riesige Anziehungskraft. Jeder, der nicht weit genug weg ist, wird angezogen und zu einem Teil des Schwarzen Lochs. Man kommt nicht mehr aus seinem Gravitationsfeld heraus.
2019 gelang 200 Forscherinnen und Forschern weltweit gemeinsam die erste Aufnahme eines Schwarzen Lochs – mit einem virtuellen Riesenteleskop.

Gravitation vs. Geschwindigkeit

Normalerweise entgehen Sterne der Kollision mit anderen Planeten, indem sie schnell sind.
Der Anziehungskraft der Erde können Sterne noch ganz gut entweichen. Mit 40320 km/h sind sie aus dem Gravitationsfeld der Erde raus.
Um dem Gravitationsfeld der Sonne zu entkommen, muss ein Stern schon schneller sein. Aber mit 2 Millionen km/h geht auch das.
Manche kollabierte Riesensterne haben aber so eine große Anziehungskraft, dass man schneller als das Licht sein müsste, um aus ihrem Gravitationsfeld heraus zu kommen. Aber das geht nicht, denn nichts ist schneller als Lichtgeschwindigkeit.
Schwarze Löcher sind deshalb schwarz, weil ihre Anziehungskraft so groß ist, dass noch nicht mal das ultra-schnelle Licht wieder rauskommt.

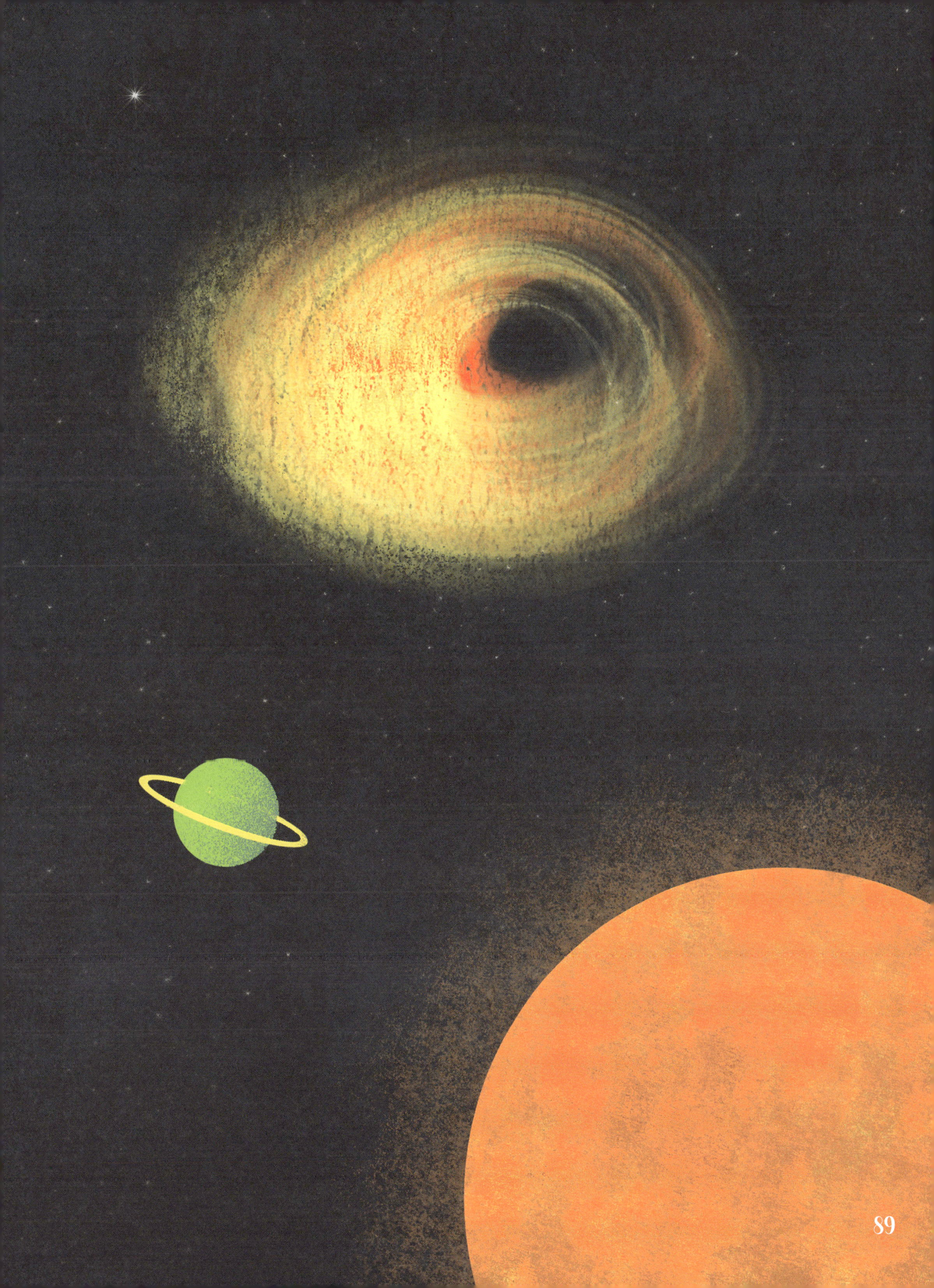

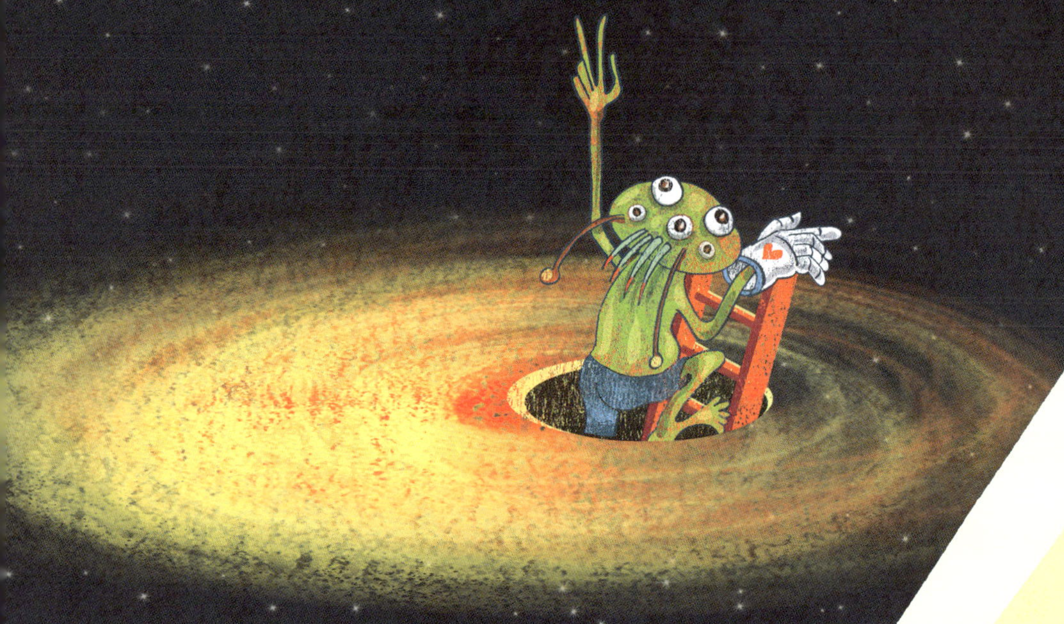

Legendäre Gangster

Schwarze Löcher haben einen schlechten Ruf, und gleichzeitig faszinieren sie uns Menschen ohne Ende. Der schlechte Ruf rührt daher, dass jeder Stern, der in das Gravitationsfeld eines Schwarzen Lochs gerät, nie wieder herauskommt. Er wird von der Schwerkraft des Schwarzen Lochs von seiner Bahn abgelenkt. Die Masse des Sterns verbindet sich mit der Masse des Schwarzen Lochs und so wird das Loch noch massiger. Gruselig, oder? Werden sich die Schwarzen Löcher so sehr ausdehnen, dass die Erde auch irgendwann in eines hineinfällt? Nein, denn Schwarze Löcher gibt es seit Milliarden von Jahren. Sie sorgen für Kollisionen und Bewegung im Universum, aber ihre Anziehungskraft ist begrenzt. Sonst gäbe es das Universum schon lange nicht mehr. Beziehungsweise, es wäre ein einziges Schwarzes Loch.

Der Traum vom Zeitportal

Und wieso faszinieren Schwarze Löcher die Menschen so? Weil wir nicht in sie hineinschauen können und nicht wissen, wo sie enden. Und da wir uns in der gekrümmten Raumzeit befinden, stellen sich manche Menschen vor, dass Schwarze Löcher ein Portal in eine andere Dimension der Zeit sein könnten. Eine mögliche Tür in eine andere Zeit – wäre das nicht fantastisch? Man kann aber durch ein Schwarzes Loch nicht reisen. Man würde unterwegs zerfetzt werden. Außerdem wäre das nächste Schwarze Loch im Universum so weit weg, dass man es zu Lebzeiten überhaupt nicht erreichen würde.

Der Urknall und die Zeit an sich

Was die Geschichte mit den Schwarzen Löchern zeigt, ist, dass sich im Universum Sachen ändern. Dass es also früher anders aussah. Und daraus kann man folgern, dass das Universum irgendwann einmal angefangen haben muss zu existieren. Heute gehen wir davon aus, dass es vor 13,8 Milliarden Jahren bei einem Urknall entstanden ist. Aber dann müsste es doch auch eine Zeit davor gegeben haben, oder? Und wie soll die ausgesehen haben? Physiker heute glauben, es gab nichts davor. Sie sagen eher, das ist die falsche Frage und die ganze Sache mit Vergangenheit, Gegenwart, Zukunft ist relativ. Eigentlich existieren sie vielleicht gar nicht und sind nur eine Illusion, die unser alltägliches Leben erleichtert. Physikalische Experimente zum Urknall lassen sich leider nicht anstellen, Ausgrabungen aus seiner Zeit gibt es auch nicht, und so ist die Physik auf Gedankenexperimente angewiesen.

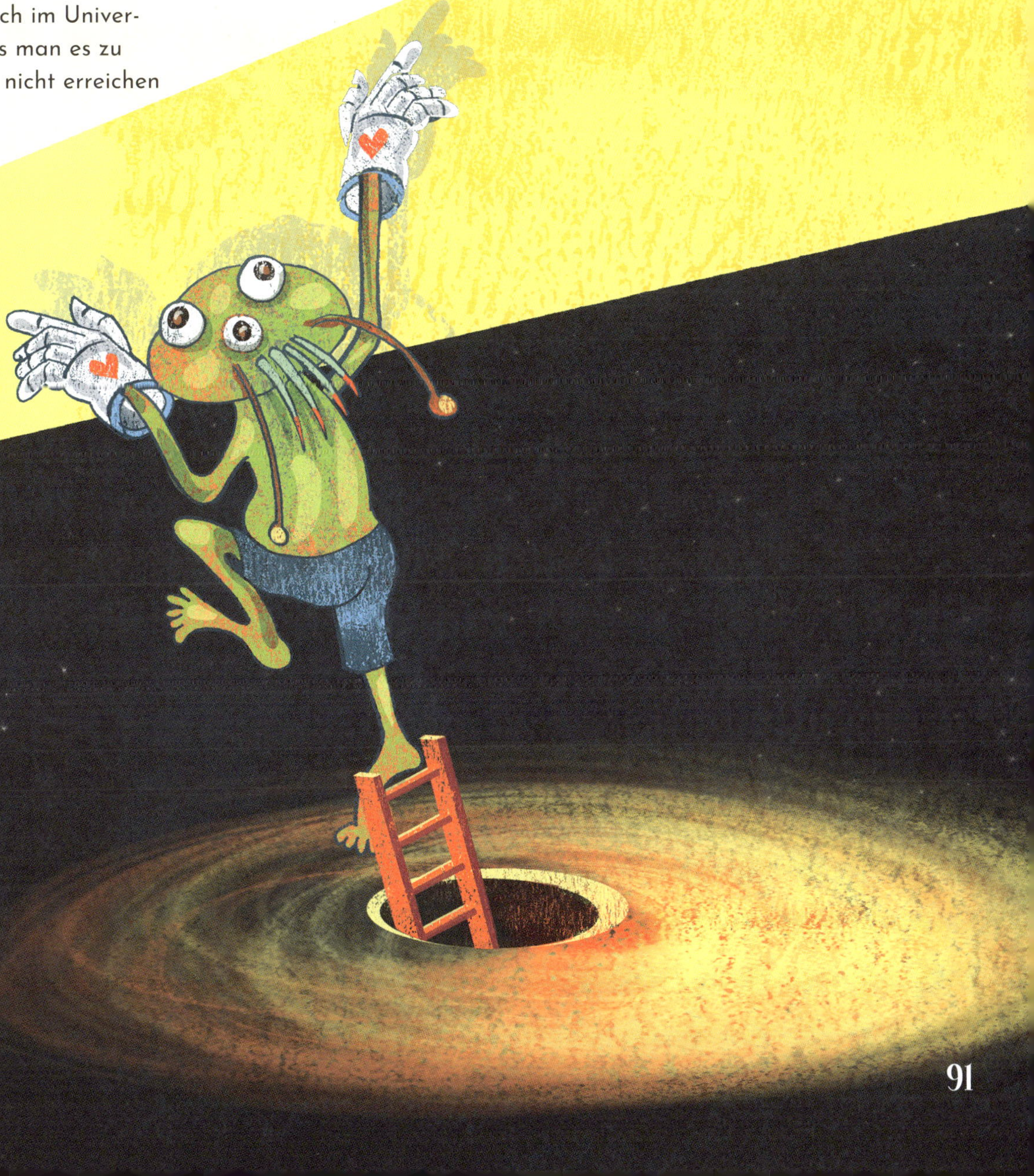

Zeitumkehrer, wiederbelebte Großväter und jede Menge Fragen

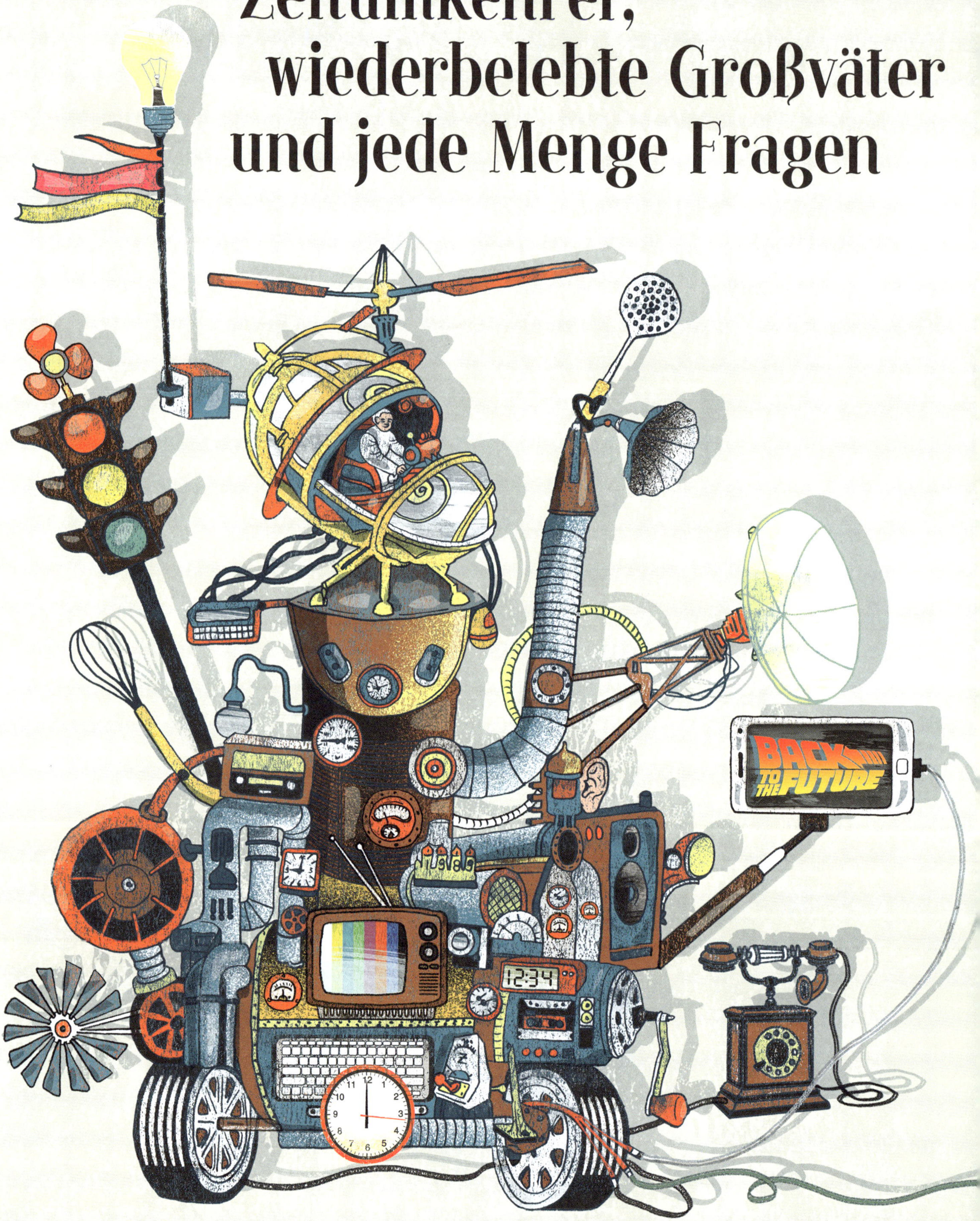

Wenn die Zeit relativ ist, müsste man dann nicht auch in die Vergangenheit und die Zukunft reisen können? Zukunft, das ist so eine Sache. Dazu kommen wir später. Aber in die Vergangenheit geht nicht, sagen die, die sich mit Physik auskennen. Zu viele logische Probleme.
Aber wieso denn, fragen Science-Fiction-Autoren. An Einsteins abgefahrenen Ideen war schließlich was dran, da können wir doch auch mal!

Science-Fiction

Vielleicht ist die Vorstellung von Reisen in die Vergangenheit gerade deswegen so faszinierend, weil die Physik sie für unmöglich erklärt. Geschichten darüber gibt es jedenfalls eine Menge! Als erstes braucht man natürlich eine Idee für ein Transportmittel, mit dem man durch die Zeit reist.

Zeitreise-Mobil

In dem berühmten Film *Zurück in die Zukunft* ist die Sache klar: Man reist mit dem Auto! Man braucht nur ein bisschen Plutonium für die Kernspaltung im eingebauten Fluxkompensator, dann gibt es jede Menge Krach und Dampf und das Auto fliegt zurück in das gewunschte Jahr.
Etwas umweltfreundlicher geht es bei *Harry Potter und der Gefangene von Askaban* zu. Hermine Granger, die schlaue Hexe mit den viel zu vielen Schulfächern, besitzt einen Zeitumkehrer, ein kleines Stundenglas an einer Halskette, das sie sich und ihren Mitreisenden einfach nur um den Hals legen muss, um in die Vergangenheit zu reisen. Von diesen Zeitumkehrern soll es allerdings nicht mehr viele geben.
Aber man kann sich noch bei vielen anderen Geschichten Verkehrsmittel ausleihen. Die Auswahl ist groß: Im Angebot sind fliegende blaue Polizeizellen, eine Babykrippe, alte Laptops in einer Zinkbadewanne, und für die ganz Gemütlichen gibt es sogar ein Zeitreise-Sofa.

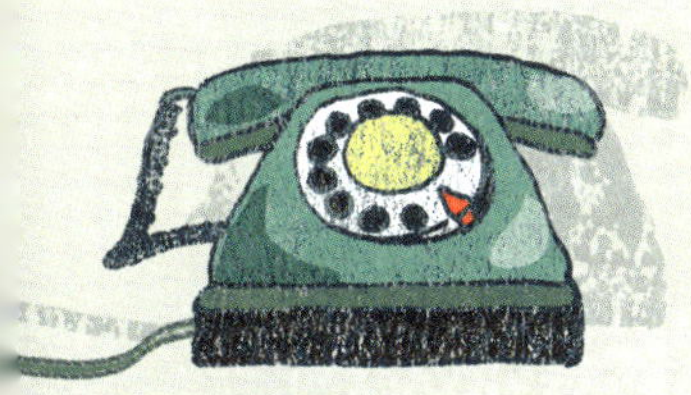

Zeitreise-Probleme

Auch wenn alles nur ausgedacht ist, müssen Zeitreise-Geschichten neben der Zeitmaschine noch einige andere Probleme knacken. Was denken die Menschen in der Vergangenheit von einem? Halten sie einen nicht für komplett verrückt und gefährlich? Und sperren einen womöglich ins Gefängnis, sodass man in der falschen Zeit steckenbleibt? Außerdem verändert man doch die Vergangenheit, wenn man als Mensch aus der Zukunft an ihr teilnimmt. Und was heißt das wiederum für die Zukunft, also die eigentliche Gegenwart des Zeitreisenden? Wie verändert die Vergangenheit den Zeitreisenden selbst? Auf all diese Fragen finden Serien, Filme und Romane seit knapp 200 Jahren erstaunliche Antworten.

Der Schmetterlingseffekt

Den gibt es wirklich. Der Wetterforscher Edward N. Lorenz fand heraus, dass schon kleinste Veränderungen unvorhersehbar große Folgen haben können: Der Flügelschlag eines Schmetterlings in Brasilien kann unter Umständen einen Tornado in Texas auslösen.
Wenn schon ein Flügelschlag so viel ausmacht, was ist dann mit den Zeitreisenden in der Vergangenheit? Die stellen ja noch viel mehr an! Meistens wollen sie Gutes tun, indem sie Fehler oder schlimme Geschehnisse in der Vergangenheit korrigieren. Dabei beachten sie nicht, dass jede kleinste Änderung noch ganz andere, unabsehbare Folgen haben kann. Oft sind sie dann damit beschäftigt, die Folgen ihrer Eingriffe in der Vergangenheit auszubessern und machen damit dauernd alles nur noch schlimmer.

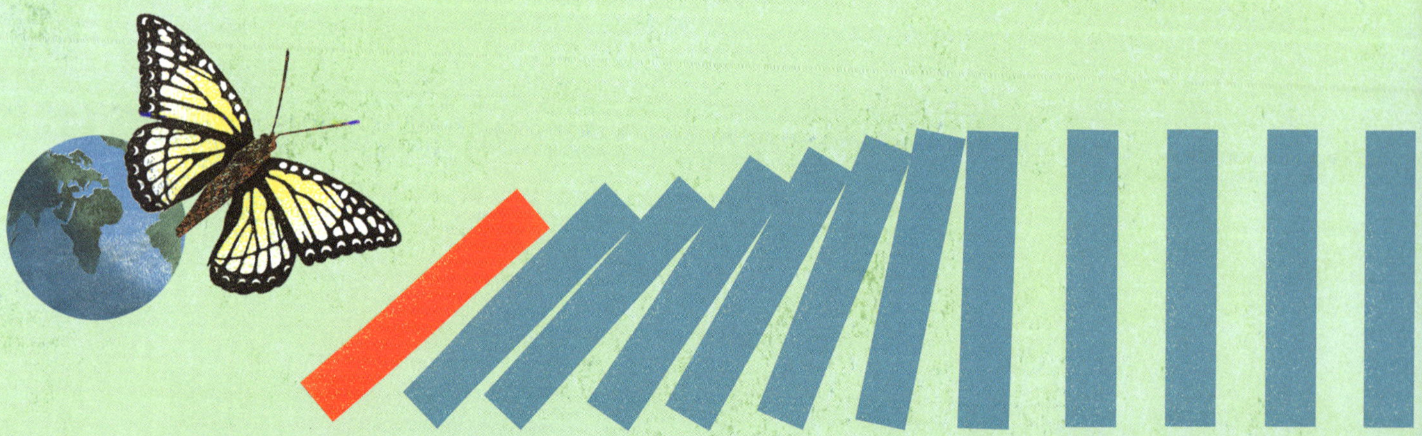

Leg dich nicht mit der Vergangenheit an!

Das sagen viele Zeitreise-Geschichten – und tun genau das. Die Frage ist: Was passiert mit dem Chaos, das die Zeitreisenden angestellt haben? Nach dem Schmetterlingseffekt müsste das doch Folgen haben für die Gegenwart, aus der sie kommen. Die Gegenwart müsste also bei der Rückkehr der Zeitreisenden anders aussehen als vorher. In manchen Geschichten tut sie das auch.

Andere Geschichtenerzähler behaupten, dass die Gegenwart erst durch die Zeitreise zu dem wird, was sie ist. Die Zeitreise ist also immer schon mitgedacht! Wieder andere Geschichten denken sich verschiedene Parallelwelten aus. Man reist also in eine Kopie seiner Vergangenheit. Und kehrt dann nicht in seine alte Gegenwart, sondern in eine Kopie der Gegenwart zurück – und nur hier hat der Unfug Folgen, den man unterwegs angestellt hat. Reist man mehrfach, entstehen viele Parallelwelten, die alle nebeneinander existieren. Auch ziemlich verrückt, oder?

Das Großvater-Paradoxon

Das Großvater-Paradoxon treibt den Schmetterlingseffekt auf die Spitze. Was ist, wenn ein Zeitreisender in der Vergangenheit seinen Großvater umbringt? Und zwar bevor der Großvater die Großmutter getroffen hat. Dann könnten Großvater und Großmutter kein Kind bekommen, Mutter oder Vater des Zeitreisenden würde nicht existieren und der Zeitreisende selbst folglich auch nicht. Das Paradoxon lautet also: Wenn es den Zeitreisenden nicht gäbe, hätte er auch nicht in die Vergangenheit reisen und den Großvater umbringen können. Und nu? Da hilft nur, nochmal in die Vergangenheit zu reisen und dafür zu sorgen, dass der Großvater wiederbelebt wird. Auch das mit ungeahnten Folgen.

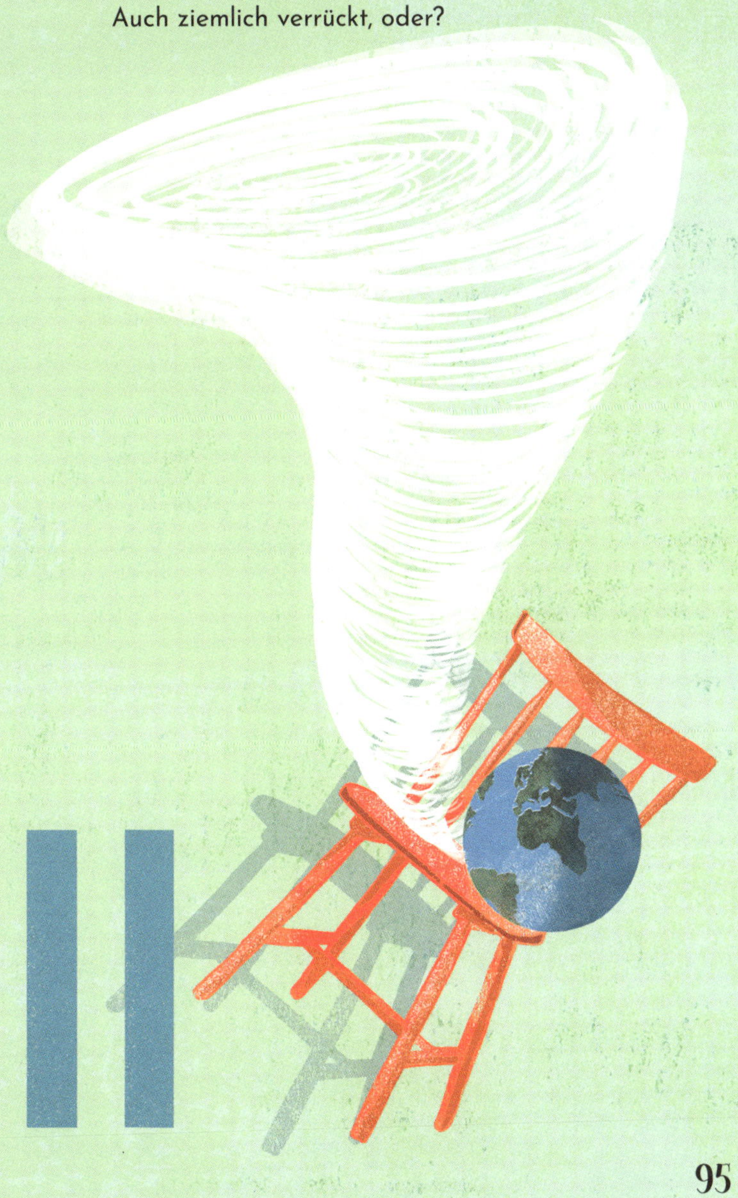

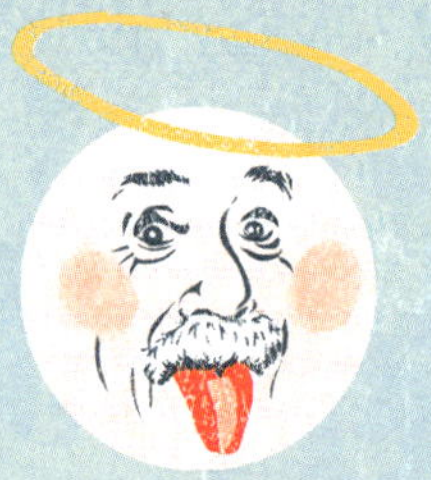

Die Dornröschen-Methode, rasende Raumschiffe und Orakel

Zurück zur Zukunft: Wie sieht es mit Reisen dorthin denn nun aus? Ehrlich gesagt, gar nicht so schlecht. Nicht halb so viele logische Probleme wie bei Reisen in die Vergangenheit.

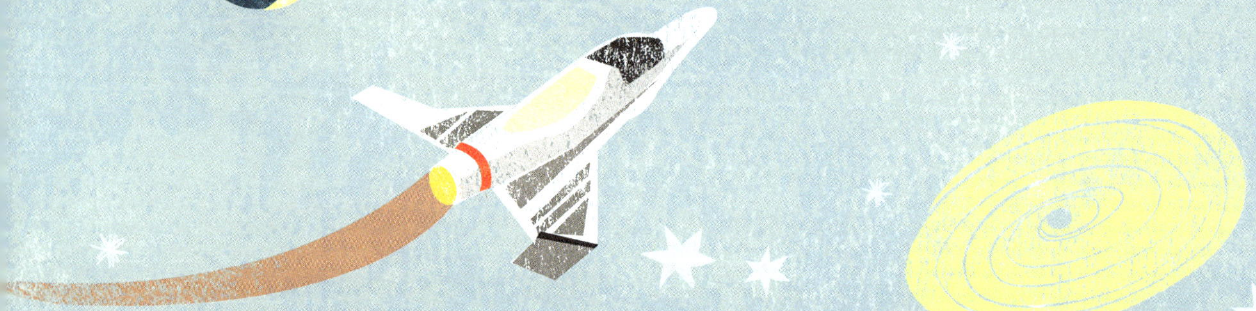

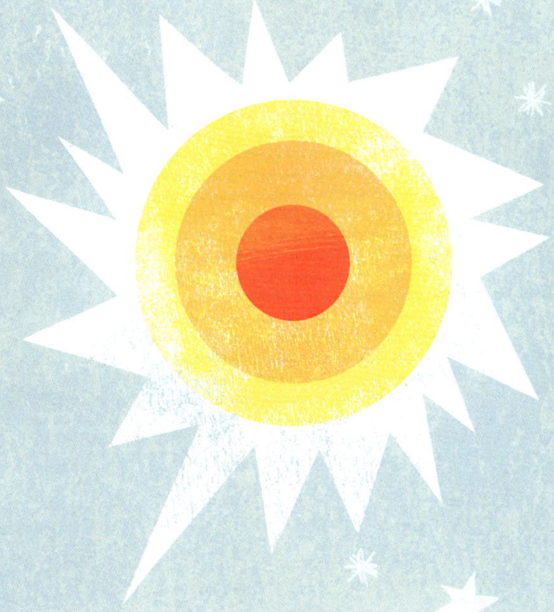

Dornröschens Zeitreise

Eigentlich befinden wir uns ja die ganze Zeit auf einer Zeitreise in die Zukunft. Zählt das? Eigentlich doch nur nicht, weil wir die ganze Zeit mitbekommen, wie die Uhr weitertickt. Angenommen, wir machen einen auf Dornröschen und schlafen zehn Jahre. Wenn wir dann wieder aufwachen, hätten wir definitiv das Gefühl, eine Zeitreise gemacht zu haben. Ist ja sicher eine Menge passiert, während wir im Dornröschenschlaf lagen. Es gibt nur zwei kleine Probleme: Wir kommen nicht wieder zurück, wenn wir doch noch etwas von diesen letzten zehn Jahren mitbekommen wollen. Denn das wäre ja eine Reise in die Vergangenheit. Und außerdem, so eine Feen-Technik, mit der man das Bewusstsein quasi für zehn Jahre einfrieren und dann wieder auftauen kann, die existiert bislang nur im Märchen.

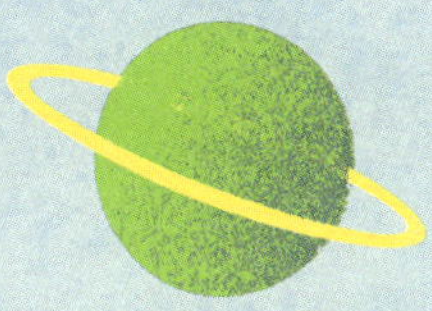

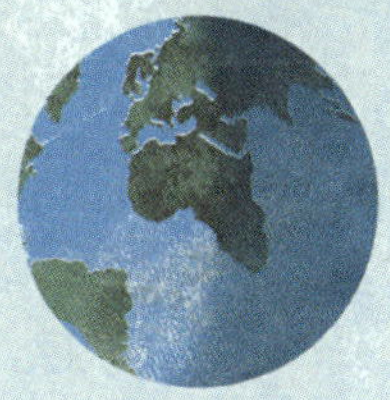

Mal wieder Einstein!

Also vielleicht doch nicht die Dornröschen-Technik. Albert Einstein hätte da stattdessen eines seiner berühmten Gedankenexperimente zu bieten. Man nehme ein Raumschiff und sich selbst. Einsteigen, Tür zu, Start. Dann geht's ganz schnell durch Raum und Zeit. Du bleibst vielleicht für drei Monate im Universum. Die Zeit vergeht für dich selbst ganz normal. Wenn du nach drei Monaten genug hast vom All und wieder zurück zur Erde kommst, ist da unten vielleicht schon ein Jahr vorbei oder sogar zwei oder noch mehr. Je nachdem, wie schnell du mit deinem Raumschiff unterwegs gewesen bist. Je schneller du geflogen bist, desto mehr Zeit ist auf der Erde vergangen. Du bist also in die Zukunft gereist.
Ein kleines Problem gibt es allerdings auch hier. Wir haben noch keine Raumschiffe, die so schnell sind, wie sie sein müssten, um tatsächlich eine Zeitreise durchführen zu können. Aber theoretisch geht's!
Zumindest haben die Menschen schon mal ein Experiment mit zwei dieser genauen Atomuhren gemacht. Eine blieb unten auf der Erde, eine reiste im allerschnellsten Flugzeug mit. Bei der Rückkehr stellte man fest: Bei der Uhr an Bord des Flugzeugs war die Zeit tatsächlich etwas langsamer vergangen.

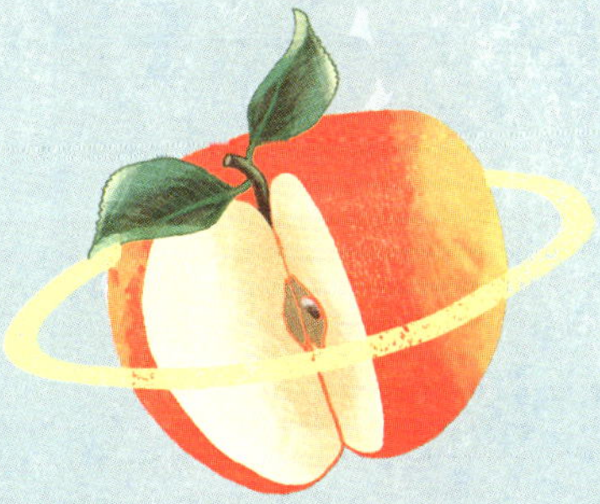

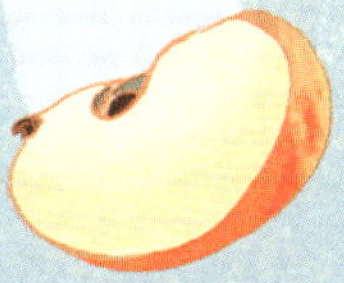

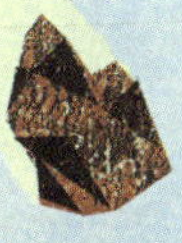

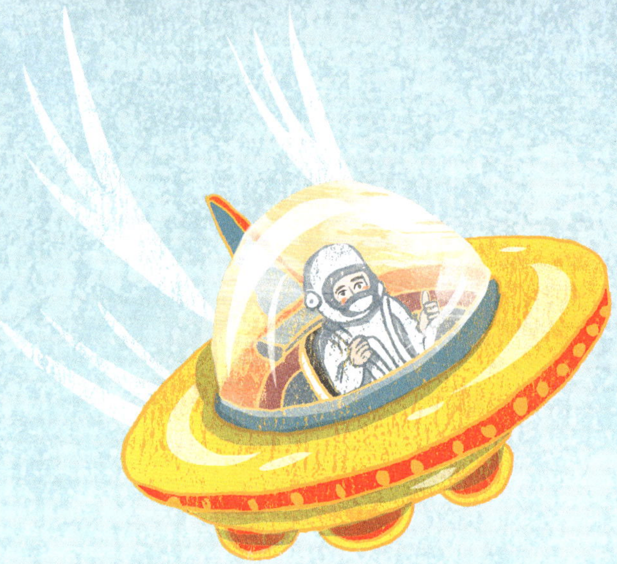

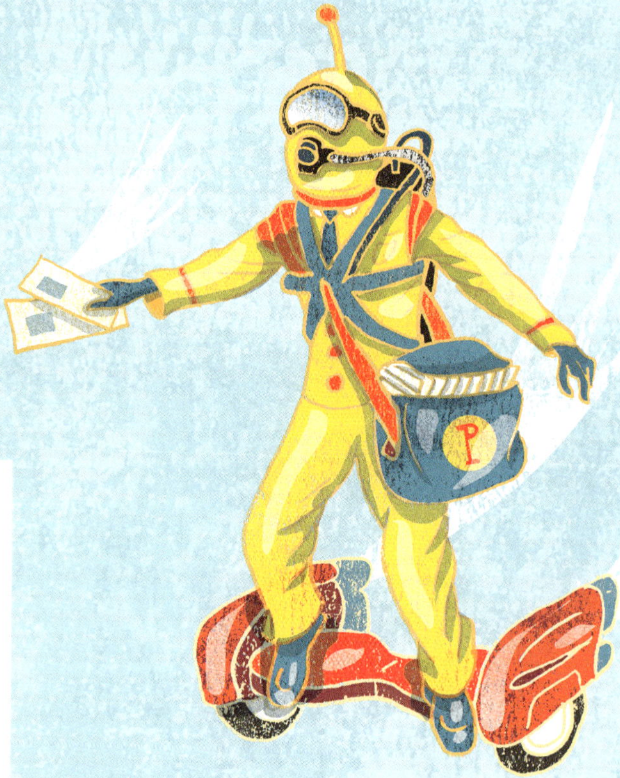

Blick in die Zukunft

Aber das sind alles nur rechnerische Reisen in die Zukunft. Eigentlich wollen wir ja nicht unbedingt alleine im Weltall schweben, wo wir gar nicht merken, dass die Zeit im Vergleich zur Erde anders vergeht. Der alte Traum, den die Menschen schon seit Ewigkeiten träumen, ist doch, sich mal ein bisschen in der eigenen Zukunft umzuschauen. Schon mal ein bisschen zu gucken, was alles Tolles passieren wird.

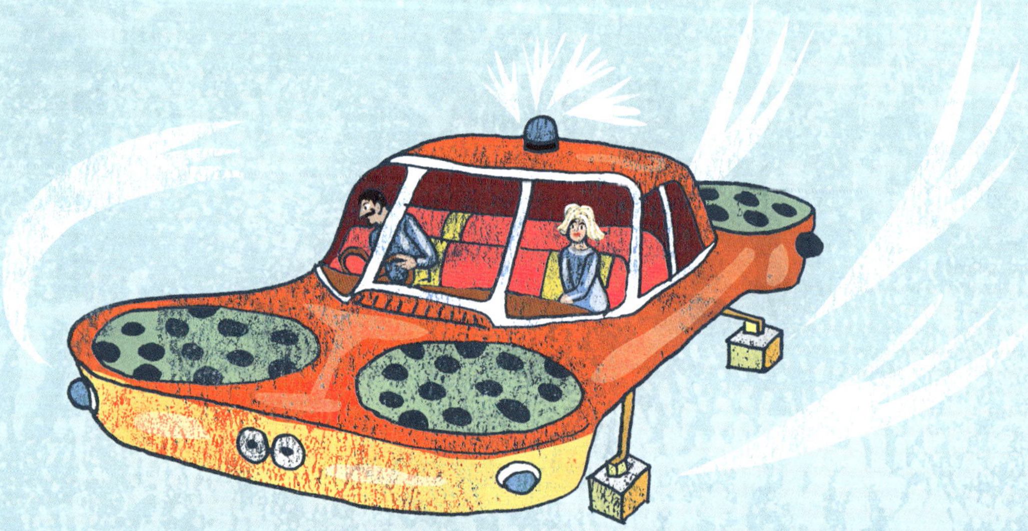

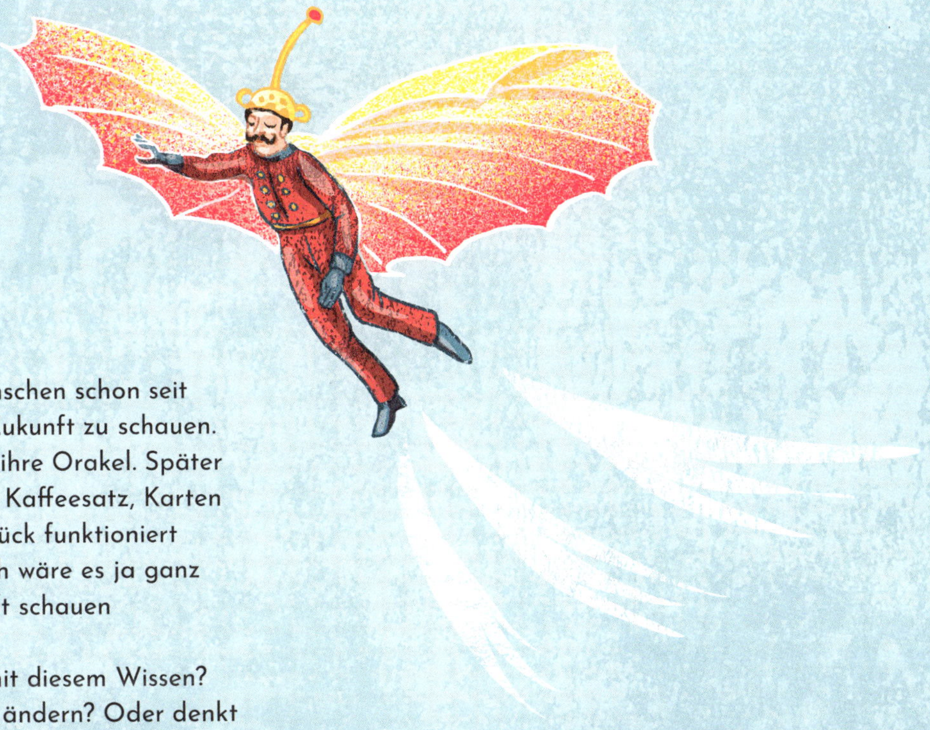

Die Sache mit den Prophezeiungen

Schwierig! Auch wenn die Menschen schon seit Ewigkeiten versuchen, in die Zukunft zu schauen. Die alten Griechen befragten ihre Orakel. Später kamen Horoskope, Teeblätter, Kaffeesatz, Karten und Glaskugeln dazu. Zum Glück funktioniert das alles nicht. Denn eigentlich wäre es ja ganz schön furchtbar, in die Zukunft schauen oder reisen zu können.

Was macht man denn dann mit diesem Wissen? Versucht man, die Zukunft zu ändern? Oder denkt man, es ist sowieso egal, was ich mache? Mein Schicksal ist vorherbestimmt. Einige Science-Fiction-Geschichten drehen sich auch darum, wie Menschen krampfhaft versuchen, ihrem Schicksal zu entgehen. Und dann tritt es erst recht ein! Das war schon beim alten Kronos so.

Vielleicht hätte er einfach mal nett zu seinen Kindern sein und nicht auf das Orakel hören sollen.

Als die Vergangenheit noch Zukunft war

Viel spannender ist hingegen, wie sich Leute früher die Zukunft ausgemalt haben, in der wir heute leben. Die Filmemacher von *Zurück in die Zukunft* 2 gingen zum Beispiel davon aus, dass Jugendliche ab 2015 nur noch mit fliegenden Skateboards unterwegs sein würden. Eine coole Vorstellung, aber das hat leider noch nicht geklappt. Eine andere ihrer Visionen, nämlich dass man über Bildschirme miteinander spricht, inzwischen schon.

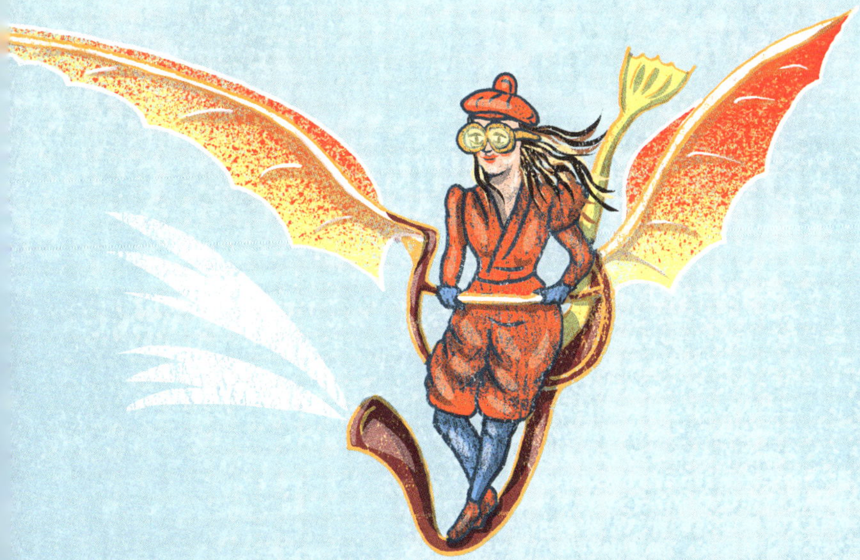

Eine Möglichkeit gibt es allerdings doch, mit deiner Zukunft in Kontakt zu kommen.

Brief an mein zukünftiges Ich

Hallo du. Ich meine ich. Wenn du, also ich, das liest, bist du schon zehn Jahre älter. Kann ich mir gar nicht vorstellen. Deswegen schreibe ich dir mal, was mir wichtig ist. Vielleicht findest du das mittlerweile doof. Das ist schon okay. Aber ich schreib es trotzdem auf, damit du Bescheid weißt.

Also los, fangen wir an ...

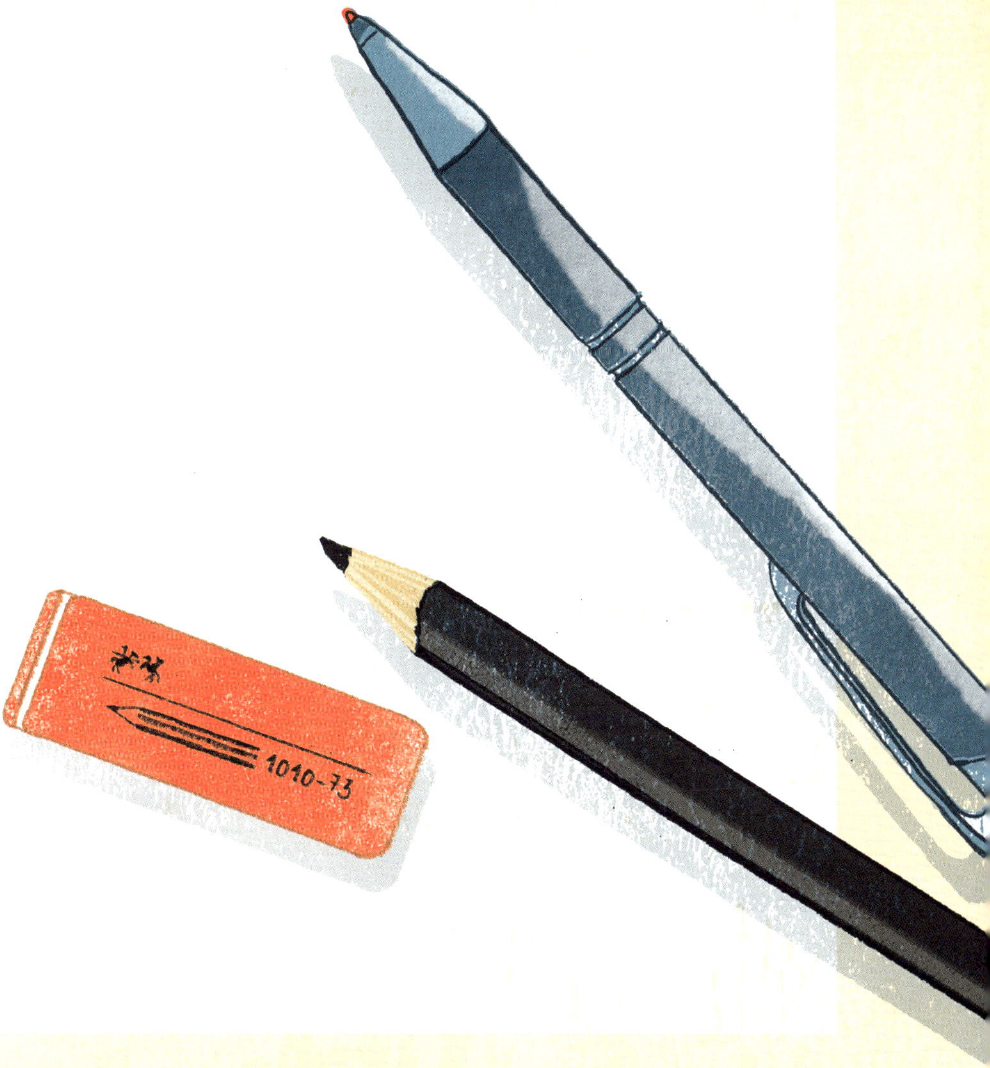
1010-73

Register

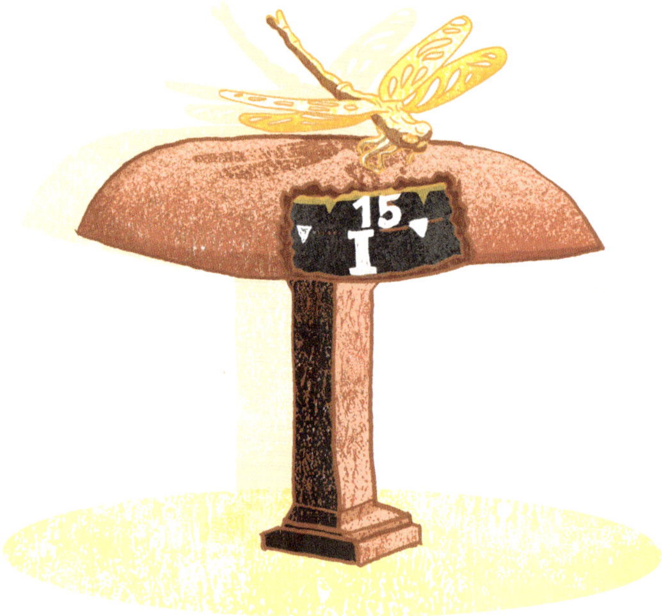

Prestel Verlag, München · London · New York
in der Penguin Random House Verlagsgruppe GmbH
Neumarkter Straße 28 · 81673 München

Projektleitung: Doris Kutschbach
Lektorat: Katharina Knüppel
Gestaltung und Satz: Meike Sellier
Herstellung: Susanne Hermann
Druck und Bindung: DZS Grafik
Papier: Tauro Offset

Wir produzieren klimaneutral
ClimatePartner.com/14044-1912-1001
Druckprodukt

Bei diesem Buch wurden die durch das verwendete Material und die Produktion entstandenen CO_2-Emissionen ausgeglichen, indem der Prestel-Verlag ein Projekt zur Aufforstung in Brasilien unterstützt.
Weitere Informationen zu dem Projekt unter:
www.ClimatePartner.com/14044-1912-1001

MIX
Papier aus verantwortungsvollen Quellen
FSC® C106600

Penguin Random House Verlagsgruppe
FSC® N001967

Printed in Slovenia
ISBN 978-3-7913-7416-1
www.prestel-junior.de